Witaj Drogi Czytelniku!
Trzymasz w rękach książkę, która zabierze Cię w kulinarną podróż po tradycyjnych smakach polskiej kuchni. To nie tylko zbiór przepisów, ale także opowieść o naszej kulturze, rodzinnych tradycjach i smaku dzieciństwa. Celem tej książki jest przybliżenie Ci autentycznych, sprawdzonych receptur przekazywanych z pokolenia na pokolenie. Znajdziesz tu zarówno dobrze znane klasyki, jak i mniej popularne, lecz równie wyjątkowe potrawy, które od wieków goszczą na polskich stołach. Niezależnie od tego, czy gotujesz na co dzień, czy dopiero zaczynasz swoją kulinarną przygodę, ta książka pomoże Ci odkryć sekrety domowej kuchni i cieszyć się prawdziwymi, tradycyjnymi smakami. Zapraszam Cię do wspólnego gotowania i celebrowania polskich tradycji kulinarnych.

Krótka historia polskiej kuchni

Polska kuchnia to bogactwo smaków, które kształtowało się przez wieki pod wpływem różnorodnych kultur, historycznych wydarzeń i dostępnych składników. Od prostych, chłopskich dań po wyrafinowane potrawy królewskich uczt – polska tradycja kulinarna jest pełna kontrastów i nieustannie się rozwija. Już w średniowieczu na polskich stołach dominowały potrawy oparte na kaszach, chlebie, mięsie i warzywach korzeniowych. Słynne zupy, jak żur czy barszcz, powstały w wyniku naturalnej fermentacji i były podstawą chłopskich posiłków. W tym samym czasie szlachta delektowała się pieczonymi mięsami, dziczyzną i aromatycznymi przyprawami przywożonymi z dalekich krajów. W okresie złotego wieku Rzeczypospolitej kuchnia polska zyskała na bogactwie dzięki wpływom wschodnim, niemieckim, francuskim i włoskim. To właśnie wtedy w Polsce pojawiły się egzotyczne przyprawy, jak cynamon czy gałka muszkatołowa, oraz tradycja pieczenia wykwintnych ciast, np. serników i makowców. W XIX wieku polskie potrawy zaczęły być silnie regionalizowane – na Śląsku dominowały kluski i rolady, na Podlasiu wpływy litewskie wprowadziły do jadłospisu cepeliny i kindziuki, a na Kaszubach królowały ryby i potrawy mączne. W czasach PRL-u kuchnia stała się prostsza i bardziej dostępna, ale mimo ograniczeń wciąż opierała się na tradycyjnych smakach. Dziś polska kuchnia łączy dawną tradycję z nowoczesnością. Wracamy do korzeni, sięgamy po dawne receptury, ale jednocześnie dostosowujemy je do współczesnych gustów i potrzeb. To, co niezmienne, to miłość do jedzenia przygotowywanego z sercem – bo w Polsce gotowanie to nie tylko sposób na zaspokojenie głodu, ale także wyraz troski, tradycji i rodzinnego ciepła.

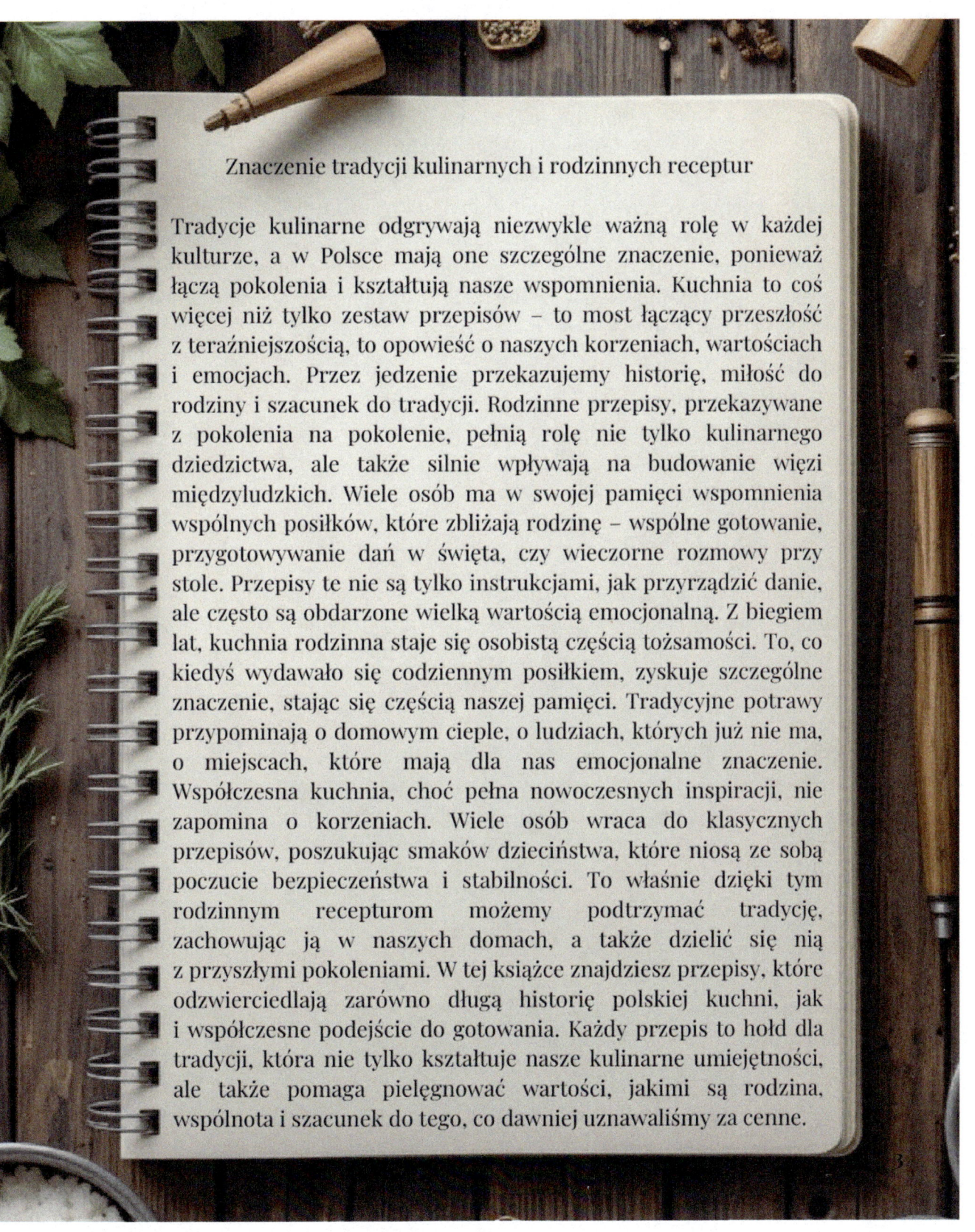

Znaczenie tradycji kulinarnych i rodzinnych receptur

Tradycje kulinarne odgrywają niezwykle ważną rolę w każdej kulturze, a w Polsce mają one szczególne znaczenie, ponieważ łączą pokolenia i kształtują nasze wspomnienia. Kuchnia to coś więcej niż tylko zestaw przepisów – to most łączący przeszłość z teraźniejszością, to opowieść o naszych korzeniach, wartościach i emocjach. Przez jedzenie przekazujemy historię, miłość do rodziny i szacunek do tradycji. Rodzinne przepisy, przekazywane z pokolenia na pokolenie, pełnią rolę nie tylko kulinarnego dziedzictwa, ale także silnie wpływają na budowanie więzi międzyludzkich. Wiele osób ma w swojej pamięci wspomnienia wspólnych posiłków, które zbliżają rodzinę – wspólne gotowanie, przygotowywanie dań w święta, czy wieczorne rozmowy przy stole. Przepisy te nie są tylko instrukcjami, jak przyrządzić danie, ale często są obdarzone wielką wartością emocjonalną. Z biegiem lat, kuchnia rodzinna staje się osobistą częścią tożsamości. To, co kiedyś wydawało się codziennym posiłkiem, zyskuje szczególne znaczenie, stając się częścią naszej pamięci. Tradycyjne potrawy przypominają o domowym cieple, o ludziach, których już nie ma, o miejscach, które mają dla nas emocjonalne znaczenie. Współczesna kuchnia, choć pełna nowoczesnych inspiracji, nie zapomina o korzeniach. Wiele osób wraca do klasycznych przepisów, poszukując smaków dzieciństwa, które niosą ze sobą poczucie bezpieczeństwa i stabilności. To właśnie dzięki tym rodzinnym recepturom możemy podtrzymać tradycję, zachowując ją w naszych domach, a także dzielić się nią z przyszłymi pokoleniami. W tej książce znajdziesz przepisy, które odzwierciedlają zarówno długą historię polskiej kuchni, jak i współczesne podejście do gotowania. Każdy przepis to hołd dla tradycji, która nie tylko kształtuje nasze kulinarne umiejętności, ale także pomaga pielęgnować wartości, jakimi są rodzina, wspólnota i szacunek do tego, co dawniej uznawaliśmy za cenne.

Podstawowe Składniki i Techniki
Najważniejsze polskie produkty spożywcze

Polska kuchnia opiera się na naturalnych, lokalnych produktach, które od wieków stanowią fundament naszych potraw. Wiele z nich ma głęboko zakorzenione tradycje i przez pokolenia były podstawą codziennych posiłków. Poznajmy kilka z nich, które mają szczególne znaczenie w polskim gotowaniu:

Ziemniaki

Ziemniaki są jednym z najważniejszych składników polskiej kuchni. Używa się ich do przygotowania wielu dań, takich jak placki ziemniaczane, kluski śląskie, czy kopytka. Są także podstawą wielu zup i zapiekanek. Polska ziemniakówka (zupa ziemniaczana) jest prawdziwym klasykiem w polskich domach.

Kapusta

Kapusta, zarówno świeża, jak i kiszona, jest podstawą wielu tradycyjnych dań. W naszej kuchni kiszona kapusta wykorzystywana jest m.in. w bigosie, gołąbkach, czy kapuśniaku. Kapusta to również ważny składnik w wielu sałatkach oraz potrawach pasujących do mięsa.

Mięso

Polskie potrawy nie mogą obyć się bez mięsa, szczególnie wieprzowiny, wołowiny oraz drobiu. Schabowy, karkówka, kiełbasa czy dziczyzna to najczęściej wybierane składniki. W polskiej tradycji pieczenie mięsa na specjalne okazje, takie jak Święta Bożego Narodzenia, to niemal obowiązkowy rytuał.

Mąka

Mąka, będąca podstawą wielu potraw, w polskiej kuchni jest wykorzystywana w szerokim zakresie – od pierogów, klusek, przez placki, naleśniki, aż po ciasta i wypieki. Do dziś wiele tradycyjnych przepisów korzysta z mąki pszennej, żytniej, a także z mąki kukurydzianej i ziemniaczanej.

Jajka

Jajka są podstawowym składnikiem w polskich zupach, wypiekach, a także w codziennych daniach. Jajecznica, jaja na twardo, pasztet jajeczny – to tylko niektóre z klasycznych potraw, w których jajka odgrywają kluczową rolę.

Śmietana/Masło

Polacy uwielbiają dodawać do swoich potraw śmietanę i masło. Śmietana to jeden z najczęściej wykorzystywanych składników w zupach (np. żurek, barszcz ukraiński) oraz sosach. Masło, bogate i kremowe, jest podstawą wielu potraw, zwłaszcza w kuchni mazurskiej i wielkopolskiej.

Grzyby

Polskie lasy pełne są bogactwa grzybów, które od wieków stanowią nieodłączny element polskiego stołu. Grzyby suszone, takie jak borowiki czy podgrzybki, są wykorzystywane w wielu zupach i daniach głównych, a także jako farsz do pierogów. Zupa grzybowa to klasyk polskiej kuchni.

Owoce

Polska kuchnia nie może się obejść bez owoców. Jabłka, śliwki, truskawki, borówki, jagody – wszystkie te owoce wspaniale komponują się w polskich ciastach, kompotach, dżemach czy też tradycyjnych nalewkach. Polska szarlotka, powidła śliwkowe czy sok z malin to pyszne przykłady owocowych dań.

Przyprawy

W polskiej kuchni przyprawy odgrywają niebagatelną rolę, nadając potrawom charakterystyczny smak. Wśród najczęściej używanych znajdziemy: sól, pieprz, majeranek, czosnek, koper, liść laurowy oraz ziele angielskie. Ponadto, w kuchni wielkopolskiej i mazurskiej używa się kminku, a w kuchni litewskiej i podlaskiej – kolendry.

Miód

Miód od wieków był uznawany za "naturalny skarb" w polskiej kuchni. Wykorzystywany zarówno w daniach wytrawnych, jak i słodkich, miód jest tradycyjnym składnikiem ciast, nalewek, a także marynat do mięs.

Te składniki są sercem tradycyjnej polskiej kuchni i stanowią fundament wielu potraw, które od lat goszczą na naszych stołach. Znajomość ich historii oraz wykorzystania w codziennym gotowaniu pomoże Ci przygotować prawdziwie autentyczne dania, które wprowadzą Cię w atmosferę polskich rodzinnych spotkań.

Techniki gotowania charakterystyczne dla polskiej kuchni

Polska kuchnia charakteryzuje się bogactwem technik kulinarnych, które przekazywane były z pokolenia na pokolenie. Te tradycyjne metody gotowania, które często łączą prostotę z głębokim smakiem, są podstawą wielu kultowych polskich dań. W tej sekcji omówimy kilka kluczowych technik gotowania, które odzwierciedlają historię i tradycję polskiej kuchni.

1. Gotowanie w wodzie (Gotowanie)

Gotowanie w wodzie to jedna z podstawowych metod gotowania w polskiej kuchni, stosowana do przygotowywania zarówno potraw mięsnych, jak i warzywnych. Wiele popularnych polskich dań, takich jak rosół, żurek czy barszcz, bazuje na tej technice. Gotowanie w wodzie ma na celu wydobycie pełni smaku z produktów, jak również zapewnienie odpowiedniej konsystencji zup i bulionów. Klasyczne polskie zupy, jak zupa ogórkowa czy kapuśniak, są przykładami gotowania w wodzie, gdzie warzywa i mięso długo gotowane na wolnym ogniu tworzą bogaty smak.

2. Duszenie

Duszenie to technika, która polega na gotowaniu składników w małej ilości płynu, na wolnym ogniu, przez długi czas. Jest to popularna metoda przyrządzania mięsa, gulaszy i bigosu. W polskiej kuchni duszenie daje potrawom głęboki, pełny smak, szczególnie jeśli chodzi o mięso, które podczas duszenia staje się miękkie i aromatyczne. Duszone potrawy, takie jak gołąbki czy wieprzowina w sosie śliwkowym, to doskonałe przykłady, jak ta technika nadaje potrawom bogaty smak i soczystość.

3. Smażenie

Smażenie to jedna z najstarszych metod przygotowywania potraw w polskiej kuchni, wykorzystywana zarówno do mięsa, jak i warzyw. Polska kuchnia szczególnie słynie z kotletów schabowych, które są smażone na złocisty kolor. Smażenie daje potrawom chrupiącą skórkę i soczyste wnętrze. Inne popularne smażone dania to placki ziemniaczane oraz wątróbka smażona z cebulką. W polskim smażeniu szczególnie istotnym składnikiem jest tłuszcz – tradycyjnie używa się smalcu, który nadaje potrawom wyjątkowy, głęboki smak.

4. Pieczenie

Pieczenie to technika gotowania potraw w piekarniku, która pozwala zachować soczystość mięsa, jednocześnie tworząc chrupiącą skórkę. Polska kuchnia obfituje w pieczone dania mięsne, takie jak pieczona kaczka, pieczony schab czy indyk. Ponadto, pieczenie jest podstawową metodą przyrządzania polskich ciast, jak szarlotka, makowiec czy sernik. Pieczenie zapewnia równomierne rozprowadzenie ciepła i głęboki smak.

5. Gotowanie na parze

Gotowanie na parze jest metodą stosowaną w Polsce, szczególnie w kuchni tradycyjnej. Dzięki tej technice, potrawy zachowują swoje witaminy i minerały, a także naturalny smak. Przykładem mogą być pierogi na parze – nadziewane różnymi farszami, które gotuje się właśnie w ten sposób, aby stały się delikatne i pełne smaku. Gotowanie na parze to również sposób na przygotowywanie ryb i warzyw, które zachowują swoje walory odżywcze i smakowe.

6. Marynowanie

Marynowanie to technika, która polega na zanurzeniu składników w mieszance przypraw, octu, soli i innych składników przez określony czas. Marynaty nadają potrawom wyjątkowy smak, a także wpływają na ich trwałość. W Polsce popularne są marynowane ogórki, kapusta kiszona oraz marynowane grzyby. Marynowanie ma na celu zarówno nadanie intensywnego smaku, jak i przedłużenie trwałości produktów spożywczych.

7. Kiszenie

Kiszenie to technika polegająca na fermentacji składników, takich jak ogórki czy kapusta, za pomocą naturalnych bakterii. Kiszone produkty są popularnym elementem polskiej kuchni i mają swoje miejsce w wielu daniach, takich jak bigos czy kwaśnica. Kiszenie wzbogaca smak potraw i wpływa na ich wyjątkową konsystencję. W Polsce proces kiszenia ma również walory zdrowotne, gdyż wprowadza do organizmu probiotyki wspomagające trawienie.

8. Wędzenie

Wędzenie to metoda, która nadaje potrawom charakterystyczny, dymny smak i aromat. W Polsce wędzone mięsa, ryby, a także sery, mają długą tradycję. Wędzona kiełbasa, boczek wędzony, wędzone ryby czy oscypek to tylko niektóre z przykładów potraw, które przygotowuje się tą metodą. Wędzenie to nie tylko sposób na nadanie smaku, ale także forma konserwacji żywności.

9. Zasmażanie

Zasmażanie to technika, która polega na łączeniu mąki z tłuszczem, tworząc gęstą mieszankę, która później jest dodawana do potraw w celu ich zagęszczenia i poprawy smaku. W polskiej kuchni stosuje się ją m.in. w zupach, takich jak żurek, a także w gulaszach czy kapuśniakach. Zasmażka nadaje potrawom głęboki, intensywny smak i odpowiednią konsystencję.

10. Przygotowanie „zupy jednogarnkowej"

W Polsce popularne są tzw. zupy jednogarnkowe, czyli dania, które można przygotować w jednym garnku, a które łączą różne składniki w jednym pysznym daniu. Bigos, żurek, kapuśniak to doskonałe przykłady, które często przygotowuje się w jednym naczyniu. W tej technice składniki gotują się razem, a wszystkie smaki się ze sobą mieszają, tworząc potrawy pełne aromatu.

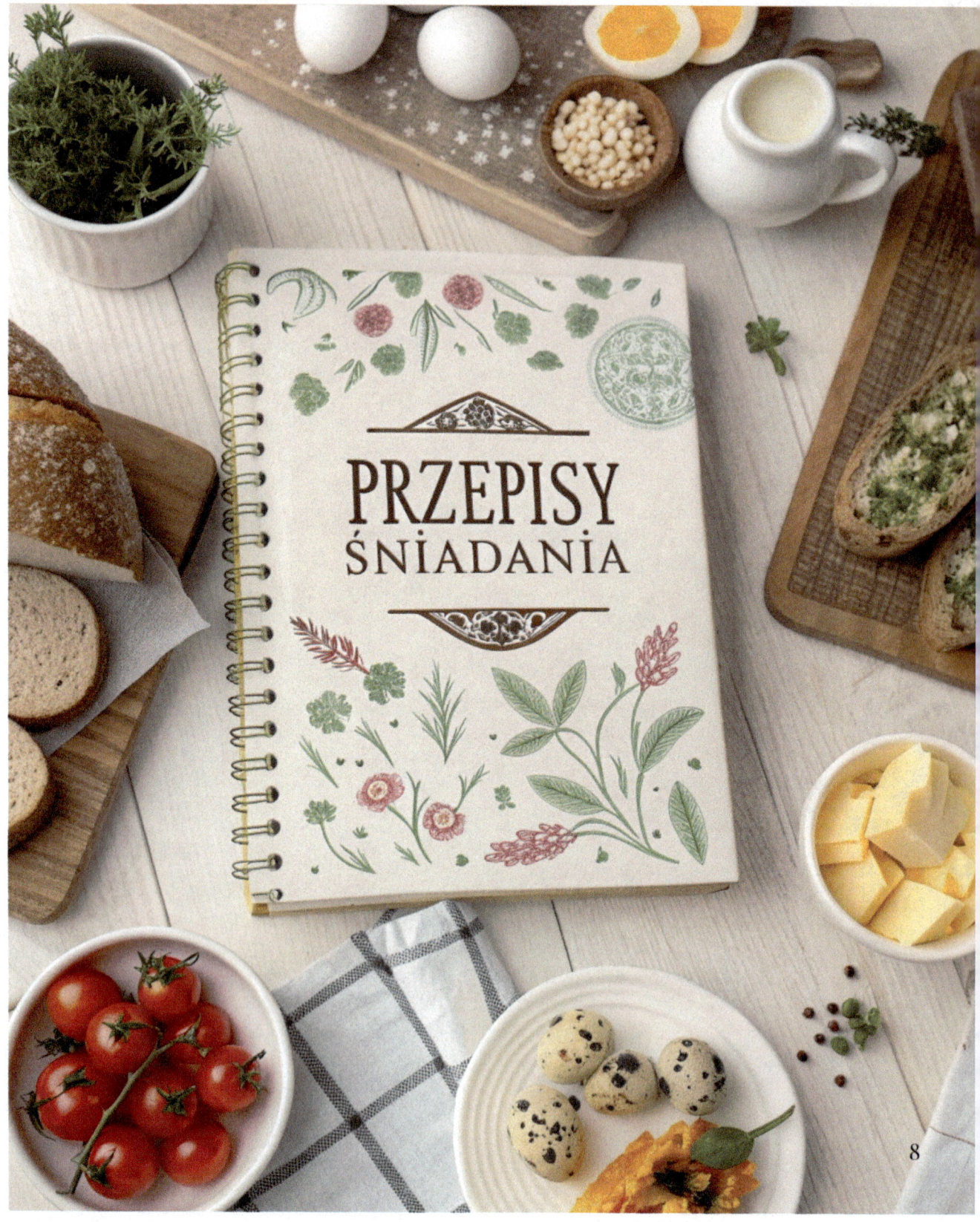

PRZEPISY
ŚNIADANIA

Jajecznica z kiełbasą i cebulką

🍴 2-3 porcje 🕐 10 minut

SKŁADNIKI

- 4 jajka
- 1 kiełbasa (najlepiej wiejska lub podsmażana, pokrojona w plastry)
- 1 średnia cebula (pokrojona w drobną kostkę)
- 2 łyżki masła lub oleju
- Sól i pieprz do smaku
- Opcjonalnie: świeża natka pietruszki do posypania

PRZYGOTOWANIE

1. Smażenie kiełbasy: Na średniej wielkości patelni rozgrzej 1 łyżkę masła lub oleju. Dodaj pokrojoną w plastry kiełbasę i smaż na średnim ogniu, aż stanie się lekko chrupiąca i zarumieniona. W międzyczasie przewróć ją na drugą stronę, aby równomiernie się usmażyła.

2. Smażenie cebuli: Do kiełbasy dodaj pokrojoną cebulę i smaż ją razem z kiełbasą przez około 3-4 minuty, aż cebula stanie się miękka i lekko zrumieniona. Jeśli lubisz cebulę bardziej karmelizowaną, możesz dodać szczyptę cukru, by nadać jej słodkości.

3. Przygotowanie jajek: W misce rozbij jajka, dopraw solą i pieprzem. Wymieszaj je lekko trzepaczką lub widelcem.

4. Smażenie jajecznicy: Zmniejsz ogień na patelni. Wlej jajka na patelnię z kiełbasą i cebulą. W miarę jak jajka zaczną się ściągać, delikatnie mieszaj je szpatułką, tak aby powstała puszysta jajecznica. Smaż przez 2-3 minuty, aż jajka będą ścięte, ale wciąż wilgotne.

5. Podanie: Podawaj jajecznicę od razu po przygotowaniu, posypaną świeżą natką pietruszki, jeśli chcesz dodać jej koloru i świeżości.

Twarożek z miodem i świeżymi owocami

🍴 2-3 porcje 🕐 5 minut

SKŁADNIKI

- 250 g twarogu półtłustego (lub chudego, w zależności od preferencji)
- 2 łyżki miodu (najlepiej płynnego)
- 1 łyżeczka cukru waniliowego (opcjonalnie)
- 100 ml śmietany 18% (opcjonalnie, do uzyskania kremowej konsystencji)
- Świeże owoce (np. truskawki, borówki, maliny, jagody, kiwi, banany – zależnie od sezonu)
- Kilka listków świeżej mięty do dekoracji (opcjonalnie)

PRZYGOTOWANIE

1. Przygotowanie twarożku: Twaróg rozgnieć widelcem lub przetrzyj przez sito, aby pozbyć się grudek. Jeśli chcesz uzyskać gładką konsystencję, możesz zmiksować go w blenderze lub użyć miksera ręcznego.

2. Dodanie miodu i cukru waniliowego: Do twarogu dodaj miód i cukier waniliowy (jeśli go używasz). Dokładnie wymieszaj, aż składniki się połączą i twaróg nabierze słodkiego smaku.

3. Dodanie śmietany: Jeśli chcesz, aby twarożek miał bardziej kremową konsystencję, dodaj śmietanę 18% i ponownie wymieszaj. Możesz również dodać więcej miodu, jeśli preferujesz słodszy smak.

4. Podanie: Na talerzu lub w miseczkach ułóż porcję twarożku, a następnie udekoruj świeżymi owocami. Możesz wybrać owoce sezonowe lub mieszankę kilku różnych. Na wierzch dodaj kilka listków świeżej mięty dla ozdoby i orzeźwiającego smaku.

Naleśniki z dżemem i śmietaną

🍴 2-3 porcje 🕐 25 minut

SKŁADNIKI

Na ciasto naleśnikowe:

- 1 szklanka mąki pszennej
- 2 jajka
- 1 szklanka mleka
- 1/2 szklanki wody gazowanej (można zastąpić wodą zwykłą)
- 2 łyżki oleju lub roztopionego masła
- Szczypta soli
- 1 łyżeczka cukru (opcjonalnie)

Na nadzienie:

- 4-5 łyżek ulubionego dżemu (np. truskawkowego, malinowego, morelowego)
- 200 ml śmietany 30% (do ubicia)
- 1 łyżka cukru pudru (do śmietany)

PRZYGOTOWANIE

1. Przygotowanie ciasta naleśnikowego: W dużej misce wymieszaj mąkę, jajka, mleko, wodę gazowaną, olej, sól oraz cukier. Całość dobrze wymieszaj trzepaczką lub mikserem, aby ciasto było gładkie. Pozwól mu odpocząć przez 10-15 minut, by składniki dobrze się połączyły.

2. Smażenie naleśników: Na średnio rozgrzaną patelnię nalej odrobinę oleju lub masła, rozprowadź je równomiernie. Wlej porcję ciasta na patelnię, obracając ją, aby ciasto równomiernie się rozlało. Smaż na złoto-brązowy kolor z obu stron, przez około 1-2 minuty z każdej strony. Powtórz, aż wszystkie naleśniki będą usmażone.

3. Przygotowanie śmietany: Śmietanę ubij na sztywno z cukrem pudrem. Możesz dodać trochę więcej cukru, jeśli lubisz słodsze desery.

4. Nadzienie: Na każdy naleśnik nałóż 1-2 łyżki ulubionego dżemu, następnie zwiń naleśnik w rulon lub złóż na pół. Możesz także ułożyć dżem na środku naleśnika, a potem złożyć go na kształt koperty.

5. Podanie: Ułóż naleśniki na talerzu, obficie polej ubijaną śmietaną, a na koniec możesz ozdobić je świeżymi owocami, posypać cukrem pudrem lub wiórkami czekolady.

Zupa mleczna z kaszą manną

🍴 2-3 porcje   🕐 10 minut

SKŁADNIKI

- 1 szklanka mleka
- 1 łyżka kaszy manny
- 1 łyżeczka masła
- 1-2 łyżeczki cukru (lub według smaku)
- Szczypta soli
- Cynamon lub cukier waniliowy (opcjonalnie)
- Świeże owoce (np. truskawki, maliny) lub dżem (opcjonalnie)

PRZYGOTOWANIE

1. Podgrzewanie mleka: W średniej wielkości garnku podgrzej mleko na średnim ogniu. Dodaj do niego szczyptę soli oraz cukier, a następnie mieszaj, aby składniki dobrze się połączyły.
2. Dodanie kaszy mannej: Gdy mleko zacznie się podgrzewać, powoli wsypuj kaszę manną, cały czas mieszając, aby nie powstały grudki. Gotuj na małym ogniu przez kilka minut, aż zupa zgęstnieje i kasza stanie się miękka.
3. Dodanie masła: Gdy kasza jest już gotowa, dodaj łyżeczkę masła
4. i wymieszaj, aż się roztopi.
5. Doprawienie: Jeśli chcesz, możesz dodać cynamon lub cukier waniliowy, aby zupa miała bardziej aromatyczny smak.
6. Podanie: Zupę mleczną z kaszą manną podawaj na gorąco. Możesz ją udekorować świeżymi owocami, posypać cynamonem lub dodać łyżkę ulubionego dżemu, aby wzbogacić jej smak.

Kopytka z sosem masłowym

🍴 3-4 porcje   🕐 30 minut

SKŁADNIKI

Na kopytka:

- 1 kg ziemniaków
- 1 jajko
- 1 szklanka mąki pszennej (w razie potrzeby więcej do podsypywania)
- 1 łyżeczka soli

Na sos masłowy:

- 100 g masła
- 2 łyżki śmietany 30%
- Szczypta soli
- Szczypta świeżo mielonego pieprzu
- 1 łyżka świeżo posiekanego koperku lub pietruszki (opcjonalnie)

PRZYGOTOWANIE

1. Przygotowanie kopytek:
   - Ziemniaki obierz, ugotuj w osolonej wodzie do miękkości, a następnie odcedź i dokładnie utłucz na gładką masę.
   - Przestudź ziemniaki, a następnie dodaj jajko, mąkę i sól. Wymieszaj składniki, aż powstanie elastyczne ciasto. Jeśli ciasto będzie zbyt klejące, dodaj odrobinę więcej mąki.
   - Podziel ciasto na kilka części. Z każdej uformuj wałek o średnicy około 2 cm, a następnie pokrój go na kawałki o długości około 2 cm, formując kopytka.
   - W dużym garnku zagotuj osoloną wodę. Wkładaj kopytka partiami do wrzącej wody. Gotuj je przez około 2-3 minuty, aż wypłyną na powierzchnię. Wyjmuj je łyżką cedzakową.

2. Przygotowanie sosu masłowego:
   - W małym rondlu roztop masło na średnim ogniu. Dodaj śmietanę, szczyptę soli i pieprzu, a następnie gotuj przez 2-3 minuty, aż sos zgęstnieje.
   - Jeśli chcesz, możesz dodać świeżo posiekany koperek lub pietruszkę, by wzbogacić smak sosu.

3. Podanie:
   - Ułóż ugotowane kopytka na talerzach, polej je gorącym sosem masłowym i podawaj od razu. Możesz dodać do nich ulubioną surówkę lub smażoną cebulkę dla dodatkowego smaku.

Kanapki z wędliną i serem

🍴 2-4 porcje 🕐 5 minut

SKŁADNIKI

- 4 kromki chleba (białego, razowego lub pełnoziarnistego, według preferencji)
- 4 plastry ulubionej wędliny (np. szynka, salami, kurczak, kabanosy)
- 4 plastry sera (np. żółty, mozzarella, cheddar, gouda)
- 2 łyżki majonezu (opcjonalnie)
- 1 łyżka musztardy (opcjonalnie)
- Kilka liści sałaty (np. sałata lodowa lub rukola)
- Pomidor (opcjonalnie, pokrojony w plastry)
- Sól i pieprz do smaku
- Masło (do posmarowania chleba)

PRZYGOTOWANIE

1. Przygotowanie składników:
   - Umyj liście sałaty, osusz je dokładnie papierowym ręcznikiem.
   - Umyj i pokrój pomidora na cienkie plastry.
   - Jeśli chcesz, posmaruj jedną stronę kromek chleba cienką warstwą masła, aby nadać kanapce delikatny smak.
2. Składanie kanapek:
   - Na jednej kromce chleba połóż plaster wędliny.
   - Na wędlinie połóż plaster sera.
   - Jeśli chcesz, dodaj kilka liści sałaty oraz plastry pomidora dla świeżości i smaku.
   - Dla bardziej wyrazistego smaku możesz dodać majonez i musztardę na drugiej kromce chleba.
   - Przykryj całość drugą kromką chleba.
3. Dodatkowe opcje (opcjonalnie):
   - Możesz również dodać ogórki kiszone, paprykę lub cebulę, by wzbogacić smak kanapek.
   - Jeśli preferujesz gorące kanapki, możesz je opiec w tosterze lub na patelni, by ser się roztopił, a chleb stał się chrupiący.
4. Podanie:
   - Gotowe kanapki podawaj od razu. Możesz je pokroić na połówki lub ćwiartki, by ułatwić jedzenie, szczególnie dla dzieci.

Placki ziemniaczane z sosem jogurtowym

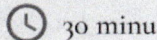

🍴 4 porcje   🕐 30 minut

SKŁADNIKI

Na placki ziemniaczane:

- 1 kg ziemniaków
- 1 cebula
- 1 jajko
- 2-3 łyżki mąki pszennej
- Sól i pieprz do smaku
- Olej do smażenia

Na sos jogurtowy:

- 200 g jogurtu naturalnego
- 1 ząbek czosnku
- 1 łyżeczka soku z cytryny
- 1 łyżka świeżo posiekanego koperku (lub pietruszki)
- Sól i pieprz do smaku

PRZYGOTOWANIE

1. Przygotowanie placków ziemniaczanych:
   - Ziemniaki obierz, a następnie zetrzyj na tarce o drobnych oczkach.
   - Odciśnij nadmiar wody z ziemniaków, np. używając ściereczki kuchennej.
   - Cebulę obierz i drobno posiekaj, a następnie dodaj do ziemniaków.
   - W misce wymieszaj starte ziemniaki, cebulę, jajko, mąkę, sól i pieprz, aż powstanie jednolite ciasto.
   - Rozgrzej olej na patelni. Nakładaj porcje ciasta łyżką, formując placki. Smaż je na średnim ogniu z obu stron na złoty kolor, około 3-4 minut z każdej strony.
   - Gotowe placki układaj na papierowym ręczniku, aby odsączyć nadmiar tłuszczu.
2. Przygotowanie sosu jogurtowego:
   - W miseczce wymieszaj jogurt naturalny z posiekanym czosnkiem, sokiem z cytryny, świeżym koperkiem (lub pietruszką), solą i pieprzem. Dopraw do smaku.
   - Jeśli chcesz, możesz dodać do sosu odrobinę oliwy z oliwek, aby nadać mu kremową konsystencję.
3. Podanie:
   - Placki ziemniaczane podawaj na ciepło, polewając je świeżym sosem jogurtowym. Możesz je także podać z dodatkowymi ziołami na wierzchu lub ulubionymi warzywami.

Owsianka z jabłkami i cynamonem

 2 porcje 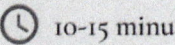 10-15 minut

SKŁADNIKI

- 1 szklanka płatków owsianych (najlepiej górskich)
- 2 szklanki mleka (można użyć mleka roślinnego, np. migdałowego)
- 1 duże jabłko
- 1 łyżeczka cynamonu
- 1 łyżka miodu lub syropu klonowego (opcjonalnie)
- 1 łyżka masła (opcjonalnie)
- Szczypta soli
- Orzechy lub bakalie do posypania (opcjonalnie)

PRZYGOTOWANIE

1. Przygotowanie owsianki:
   - W średniej wielkości garnku podgrzej mleko (lub mleko roślinne) na średnim ogniu.
   - Dodaj płatki owsiane i szczyptę soli, a następnie gotuj przez około 5-7 minut, mieszając od czasu do czasu, aż płatki wchłoną większość mleka i owsianka zgęstnieje.

2. Przygotowanie jabłek:
   - Jabłko umyj, obierz, usuń gniazdo nasienne i pokrój na drobną kostkę lub plasterki.
   - Na małej patelni rozgrzej łyżkę masła (opcjonalnie) i podsmaż jabłka przez kilka minut, aż zmiękną i lekko się karmelizują. Dodaj cynamon i dobrze wymieszaj, aby jabłka wchłonęły przyprawę.

3. Łączenie składników:
   - Gdy owsianka jest gotowa, dodaj do niej przygotowane jabłka z cynamonem i dokładnie wymieszaj.
   - Jeśli chcesz, aby owsianka była słodsza, dodaj łyżkę miodu lub syropu klonowego i wymieszaj.

4. Podanie:
   - Owsiankę przełóż do miseczek, a na wierzch możesz dodać posiekane orzechy (np. włoskie, migdały) lub ulubione bakalie (rodzynki, suszone morele).
   - Dodatkowo, jeśli lubisz, możesz posypać owsiankę dodatkową szczyptą cynamonu.

Jajka sadzone na boczku z pomidorami

🍴 2 porcje 🕐 10 minut

SKŁADNIKI

- 4 jajka
- 4 plastry boczku (wędzonego lub surowego)
- 2 średnie pomidory
- 1 łyżka masła (opcjonalnie)
- Sól i świeżo mielony pieprz do smaku
- Świeża bazylia (opcjonalnie do dekoracji)

PRZYGOTOWANIE

1. Przygotowanie boczku:
   - Na średniej patelni podsmaż plastry boczku na średnim ogniu, aż staną się chrupiące. Gdy boczek jest gotowy, zdejmij go z patelni i odsącz nadmiar tłuszczu na papierowym ręczniku.
   - Zostaw na patelni trochę tłuszczu z boczku, który posłuży do smażenia jajek.

2. Przygotowanie pomidorów:
   - Pomidory umyj, a następnie pokrój w kostkę lub w plastry, w zależności od preferencji.
   - Na tej samej patelni, na której smażył się boczek, podsmaż pokrojone pomidory przez 2-3 minuty, aż lekko zmiękną. Dopraw je solą i pieprzem.

3. Smażenie jajek:
   - Na patelnię z pomidorami wbij jajka, jedno po drugim. Smaż na małym ogniu, aż białka się zetną, a żółtko pozostanie lekko płynne (lub dłużej, jeśli wolisz jajka bardziej ścięte).
   - Możesz dodać łyżkę masła, aby jajka miały bardziej kremową konsystencję.

4. Podanie:
   - Na talerzu ułóż smażony boczek, a na wierzchu umieść jajka sadzone. Obok dodaj podsmażone pomidory.
   - Całość możesz udekorować świeżą bazylią lub innymi ziołami, np. pietruszką.

Tosty francuskie z owocami leśnymi

🍴 2 porcje   🕐 10 minut

SKŁADNIKI

- 4 kromki chleba tostowego (najlepiej lekko czerstwego)
- 2 jajka
- 1/2 szklanki mleka (można użyć mleka roślinnego)
- 1 łyżeczka cukru waniliowego
- 1 łyżka masła (do smażenia)
- 1/2 szklanki owoców leśnych (np. jagody, maliny, jeżyny, borówki)
- 1-2 łyżki miodu lub syropu klonowego (opcjonalnie)
- Cukier puder do posypania (opcjonalnie)

PRZYGOTOWANIE

1. Przygotowanie mieszanki jajecznej:
   - W misce roztrzep jajka, dodaj mleko i cukier waniliowy,
   - a następnie dokładnie wymieszaj, aby składniki się połączyły.
2. Maczanie chleba:
   - Każdą kromkę chleba zanurz w przygotowanej mieszance jajecznej, upewniając się, że chleb wchłonął wystarczającą ilość płynów, ale nie jest zbyt mokry.
3. Smażenie tostów:
   - Na patelni rozgrzej łyżkę masła na średnim ogniu. Włóż kromki chleba na patelnię i smaż przez około 2-3 minuty z każdej strony, aż staną się złociste i chrupiące. W razie potrzeby, dodaj więcej masła, by uniknąć przywierania.
4. Przygotowanie owoców leśnych:
   - Owoce leśne dokładnie umyj i osusz. Można je również lekko podgrzać na patelni przez chwilę, aby były cieplejsze, lub podać na zimno, zależnie od preferencji.
5. Podanie:
   - Tosty francuskie układaj na talerzu, a na wierzchu rozłóż owoce leśne.
   - Polej całość miodem lub syropem klonowym (jeśli chcesz, aby danie było słodsze) i posyp cukrem pudrem.

Paszteciki z kapustą i grzybami

🍴 4 porcje   🕐 40 minut

SKŁADNIKI

- 500 g ciasta francuskiego (można użyć gotowego)
- 400 g kapusty kiszonej
- 200 g grzybów leśnych (lub pieczarek)
- 1 średnia cebula
- 2 łyżki masła
- Sól i pieprz do smaku
- 1 łyżeczka kminku (opcjonalnie)
- 1 jajko (do posmarowania)
- 1 łyżka oliwy (do smażenia)

PRZYGOTOWANIE

1. Przygotowanie farszu:
   - Kapustę kiszoną dobrze odciśnij, a następnie posiekaj na mniejsze kawałki. Jeśli kapusta jest bardzo kwaśna, możesz ją przepłukać wodą, aby złagodzić smak.
   - Grzyby oczyść i pokrój w drobną kostkę.
   - Cebulę obierz i pokrój w drobną kostkę.
   - Na patelni rozgrzej oliwę i masło. Dodaj cebulę i smaż przez 2-3 minuty, aż stanie się szklista.
   - Następnie dodaj grzyby i smaż przez kolejne 5-7 minut, aż grzyby puszczą wodę i się zrumienią.
   - Dodaj kapustę i smaż przez 10-15 minut, aż całość będzie miękka i dobrze wymieszana. Dopraw solą, pieprzem i opcjonalnie kminkiem.
   - Pozwól farszowi lekko ostygnąć przed użyciem.

2. Przygotowanie paszteciков:
   - Ciasto francuskie rozwiń na lekko podsypanej mąką powierzchni. Pokrój na prostokąty o wymiarach ok. 10x8 cm.
   - Na środek każdego prostokąta nałóż łyżkę farszu z kapustą i grzybami.
   - Złóż ciasto na pół, tworząc kształt trójkąta lub prostokąta i dokładnie zlep brzegi.
   - Ułóż paszteciki na blasze wyłożonej papierem do pieczenia.

3. Pieczenie:
   - Posmaruj paszteciki roztrzepanym jajkiem, aby ładnie się zrumieniły podczas pieczenia.
   - Piecz w piekarniku nagrzanym do 180°C przez około 20-25 minut, aż staną się złociste i chrupiące.

Muffiny jagodowe z lukrem

 12 muffinek 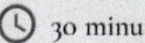 30 minut

SKŁADNIKI

Na muffiny:

- 250 g mąki pszennej
- 150 g cukru
- 1 łyżeczka proszku do pieczenia
- 1/2 łyżeczki sody oczyszczonej
- 1/4 łyżeczki soli
- 2 jajka
- 120 ml mleka
- 120 ml oleju roślinnego
- 1 łyżeczka ekstraktu waniliowego
- 200 g świeżych jagód (lub mrożonych, dobrze osączonych)
- 1 łyżka mąki (do obtoczenia jagód)

Na lukier:

- 100 g cukru pudru
- 2-3 łyżki soku z cytryny (lub woda)
- Kilka kropli ekstraktu waniliowego (opcjonalnie)

PRZYGOTOWANIE

1. Przygotowanie muffinek:
   - Piekarnik nagrzej do 180°C. Formę na muffiny wyłóż papilotkami lub posmaruj masłem i posyp mąką.
   - W dużej misce wymieszaj wszystkie suche składniki: mąkę, cukier, proszek do pieczenia, sodę oczyszczoną i sól.
   - W osobnej misce roztrzep jajka, dodaj mleko, olej i ekstrakt waniliowy. Wymieszaj, aż składniki się połączą.
   - Stopniowo dodawaj mokre składniki do suchych, mieszając do momentu, aż masa będzie jednolita. Nie mieszaj zbyt długo, by muffiny były puszyste.
   - Jagody delikatnie obtocz w 1 łyżce mąki, aby nie opadły na dno podczas pieczenia. Dodaj je do masy i delikatnie wymieszaj.

2. Pieczenie muffinek:
   - Przełóż masę do foremek na muffiny, napełniając je do 2/3 wysokości.
   - Piecz przez 18-20 minut, aż muffiny będą złociste i suche w dotyku. Sprawdź patyczkiem, czy ciasto jest suche w środku.
   - Po upieczeniu, wyjmij muffiny z piekarnika i pozostaw do ostygnięcia na kratce.

3. Przygotowanie lukru:
   - W małej misce wymieszaj cukier puder z sokiem z cytryny (lub wodą), aż powstanie gładki lukier. Jeśli jest za gęsty, dodaj trochę więcej soku z cytryny lub wody.
   - Możesz dodać kilka kropli ekstraktu waniliowego dla dodatkowego aromatu.

4. Dekorowanie muffinek:
   - Gdy muffiny ostygną, polej je przygotowanym lukrem.
   - Możesz dodatkowo ozdobić je świeżymi jagodami lub wiórkami kokosowymi dla dekoracji.

Wielkanocne jajka w majonezie

🍴 10 jajek 🕐 20 minut

SKŁADNIKI

- 10 jajek
- 3 łyżki majonezu
- 1 łyżka musztardy (opcjonalnie)
- 1 łyżeczka octu lub soku z cytryny
- Sól i pieprz do smaku
- Świeży koperek do dekoracji
- Papryka czerwona (opcjonalnie) do posypania

WSKAZÓWKI

Wskazówki

PRZYGOTOWANIE

1. Gotowanie jajek:
   - Jajka ugotuj na twardo, gotując je przez 10 minut w osolonej wodzie. Po ugotowaniu, zalej je zimną wodą i pozostaw na chwilę, aby łatwiej je obrać ze skorupek.
2. Przygotowanie farszu:
   - Ugotowane jajka obierz ze skorupek i przekrój je na pół. Delikatnie wyjmij żółtka i przełóż je do miski.
   - Do żółtek dodaj majonez, musztardę (jeśli używasz), ocet (lub sok z cytryny), sól i pieprz. Dokładnie wymieszaj do uzyskania gładkiej, kremowej konsystencji.
3. Nadziewanie jajek:
   - Tak przygotowanym farszem wypełnij białka jajek. Możesz użyć łyżeczki lub rękawa cukierniczego, aby równomiernie rozłożyć farsz.
4. Dekorowanie:
   - Na wierzch każdego jajka dodaj odrobinę świeżego koperku. Możesz także posypać je papryką czerwoną dla kontrastu i dodatkowego smaku.
5. Chłodzenie:
   - Gotowe jajka w majonezie odstaw do lodówki na około 30 minut przed podaniem, aby smaki się przegryzły i jajka były schłodzone.

Fasolka po bretońsku z kromką chleba

🍴 4-6 porcji 🕐 105 minut

SKŁADNIKI

- 500 g suchej fasoli (najlepiej Jaś)
- 300 g wędzonego boczku
- 1 duża cebula
- 2 ząbki czosnku
- 1 marchewka
- 2 łyżki koncentratu pomidorowego
- 1 puszka pomidorów (400 g)
- 1 liść laurowy
- 2-3 ziarna ziela angielskiego
- 1 łyżeczka słodkiej papryki
- Sól i pieprz do smaku
- 1 łyżka oleju lub masła do smażenia
- 1-2 kromki chleba na każdą porcję (najlepiej wiejski lub pszenny)

PRZYGOTOWANIE

1. Przygotowanie fasoli:
   - Fasolę namocz w zimnej wodzie na około 8 godzin (najlepiej na noc). Po tym czasie odcedź ją i przepłucz.
   - Gotuj fasolę w osolonej wodzie przez około 1 godzinę, aż stanie się miękka, ale nie rozpadająca się. Odcedź, zachowując odrobinę wody z gotowania.
2. Smażenie boczku i warzyw:
   - Na patelni rozgrzej olej lub masło. Pokrój boczek w kostkę i smaż na złoto, aż stanie się chrupiący. Następnie przełóż boczek na talerz.
   - Na tej samej patelni podsmaż posiekaną cebulę i czosnek, aż staną się miękkie i lekko złociste. Dodaj pokrojoną w plasterki marchewkę i smaż przez kilka minut.
3. Przygotowanie sosu:
   - Do cebuli i czosnku dodaj koncentrat pomidorowy, a następnie wlej pomidory z puszki. Całość gotuj przez kilka minut, aż sos się zagęści.
   - Dopraw solą, pieprzem, papryką, liściem laurowym i zielem angielskim. Wymieszaj.
4. Łączenie składników:
   - Do przygotowanego sosu dodaj ugotowaną fasolę oraz usmażony boczek. Wszystko wymieszaj, podlej odrobiną wody, w której gotowała się fasola (jeśli sos jest za gęsty).
   - Całość gotuj na małym ogniu przez około 20-30 minut, aż smaki się połączą i danie nabierze odpowiedniej konsystencji.
5. Podanie:
   - Fasolkę po bretońsku podawaj gorącą, z kromką świeżego chleba. Możesz także dodać łyżkę kwaśnej śmietany lub posypać natką pietruszki.

Omlet z warzywami i serem

🍴 1-2 porcje   🕐 20 minut

SKŁADNIKI

- 3 jajka
- 1/2 papryki (czerwonej lub żółtej)
- 1 mała cebula
- 1 mały pomidor
- 50 g sera żółtego (np. cheddar, gouda lub mozzarella)
- 2 łyżki mleka
- 1 łyżeczka masła lub oleju do smażenia
- Sól i pieprz do smaku
- Opcjonalnie: świeże zioła (np. bazylia, szczypiorek, oregano)

PRZYGOTOWANIE

1. Przygotowanie warzyw:
   - Paprykę, cebulę i pomidora pokrój w drobną kostkę.
   - Ser zetrzyj na tarce o grubych oczkach.
2. Przygotowanie masy jajecznej:
   - W misce rozbij jajka, dodaj mleko i dobrze wymieszaj. Dopraw solą i pieprzem do smaku.
3. Smażenie warzyw:
   - Na patelni rozgrzej masło lub olej. Najpierw dodaj cebulę i smaż ją przez 2-3 minuty, aż zmięknie i stanie się szklista.
   - Następnie dodaj pokrojoną paprykę i smaż przez kolejne 3-4 minuty, aż papryka będzie lekko miękka.
   - Na końcu dodaj pokrojonego pomidora i smaż przez 1-2 minuty, aby warzywa się lekko zrumieniły.
4. Przygotowanie omletu:
   - Warzywa rozłóż równomiernie na patelni, a następnie wlej masę jajeczną.
   - Smaż na średnim ogniu przez 3-4 minuty, aż omlet się zetnie na brzegach, ale środek wciąż będzie lekko płynny.
5. Dodanie sera:
   - Posyp omlet startym serem i przykryj patelnię pokrywką na 1-2 minuty, aby ser się rozpuścił.
6. Podanie:
   - Kiedy omlet jest gotowy, delikatnie złóż go na pół lub zostaw w całości. Podawaj od razu, udekorowany świeżymi ziołami, jeśli chcesz.

Naleśniki z dżemem truskawkowym i bitą śmietaną

 2-4 porcje 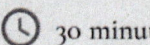 30 minut

SKŁADNIKI

Składniki na naleśniki:

- 1 szklanka mąki pszennej
- 1 jajko
- 1/2 szklanki mleka
- 2 łyżki cukru
- 1 łyżeczka proszku do pieczenia
- 1 łyżeczka cukru waniliowego
- 2 łyżki masła (roztopionego)
- Szczypta soli

Składniki na bitą śmietanę:

- 200 ml śmietany 30% lub 36%
- 1-2 łyżki cukru pudru
- 1 łyżeczka ekstraktu waniliowego

Dodatkowo:

- Dżem truskawkowy (około 4-5 łyżek)
- Świeże truskawki do dekoracji
- Cukier puder do posypania

PRZYGOTOWANIE

1. Przygotowanie naleśników:
   - W dużej misce połącz mąkę, proszek do pieczenia, cukier, cukier waniliowy i szczyptę soli.
   - W osobnej misce roztrzep jajko, a następnie dodaj mleko i roztopione masło. Wymieszaj do uzyskania jednolitej masy.
   - Dodaj mokre składniki do suchych i dokładnie wymieszaj, aby powstało gładkie ciasto. Jeśli masa jest zbyt gęsta, dodaj odrobinę więcej mleka.

2. Smażenie naleśników:
   - Na patelni rozgrzej niewielką ilość masła lub oleju na średnim ogniu.
   - Na rozgrzaną patelnię wylewaj porcje ciasta (około 1/4 szklanki na każdy naleśnik). Smaż przez 2-3 minuty, aż na powierzchni pojawią się bąbelki, a brzegi zaczną się rumienić. Następnie przewróć na drugą stronę i smaż jeszcze 1-2 minuty, aż będą złociste.
   - Odkładaj usmażone naleśniki na talerz, przykrywając je, aby pozostały ciepłe.

3. Przygotowanie bitej śmietany:
   - W misce ubij śmietanę, dodając cukier puder i ekstrakt waniliowy (jeśli używasz). Ubijaj, aż śmietana będzie sztywna i utworzy szczyty.

4. Składanie dania:
   - Na talerzu ułóż kilka naleśników jeden na drugim, polej je dżemem truskawkowym.
   - Na wierzch nałóż sporą ilość bitej śmietany.
   - Dekoruj świeżymi truskawkami i posyp cukrem pudrem (opcjonalnie).

Chlebek bananowy

🍴 8-10 porcji 🕐 70 minut

SKŁADNIKI

- 3 dojrzałe banany
- 1/2 szklanki cukru (można użyć brązowego cukru dla głębszego smaku)
- 1/4 szklanki masła (roztopionego)
- 2 jajka
- 1 łyżeczka ekstraktu waniliowego
- 1 1/2 szklanki mąki pszennej
- 1 łyżeczka proszku do pieczenia
- 1/2 łyżeczki sody oczyszczonej
- Szczypta soli
- 1/2 szklanki jogurtu naturalnego lub mleka (opcjonalnie, aby chlebek był bardziej wilgotny)
- 1/2 szklanki orzechów włoskich lub pekan (opcjonalnie)
- Cynamon (opcjonalnie, do posypania)

PRZYGOTOWANIE

1. Przygotowanie składników:
   - Rozgrzej piekarnik do 180°C (350°F) i wyłóż keksówkę papierem do pieczenia lub posmaruj ją masłem.
   - W misce rozgnieć banany widelcem na papkę. Jeśli chcesz, żeby chlebek miał bardziej kawałkową strukturę, zostaw kilka mniejszych kawałków bananów.
2. Mieszanie składników mokrych:
   - W osobnej misce wymieszaj rozgniecione banany z roztopionym masłem, cukrem, jajkami i ekstraktem waniliowym. Jeśli używasz jogurtu lub mleka, dodaj je do tej mieszanki.
3. Mieszanie składników suchych:
   - W innej misce połącz mąkę, proszek do pieczenia, sodę oczyszczoną, sól oraz cynamon (jeśli go używasz). Wymieszaj składniki, aby równomiernie się rozprowadziły.
4. Połączenie składników:
   - Dodaj suche składniki do mokrej mieszanki i delikatnie wymieszaj wszystko łyżką lub mikserem na najniższych obrotach, tylko do momentu, aż składniki się połączą. Uważaj, żeby nie mieszać za długo, aby chlebek nie wyszedł zbyt twardy.
5. Pieczenie:
   - Przelej ciasto do przygotowanej formy keksowej. Jeśli chcesz, możesz posypać wierzch chlebka orzechami włoskimi lub pekanami, aby dodać chrupiącą teksturę.
   - Piecz chlebek przez 50-60 minut, aż będzie złocisty i suchy w środku. Sprawdź patyczkiem, czy ciasto jest gotowe (patyczek powinien wyjść suchy).
6. Studzenie:
   - Po upieczeniu wyjmij chlebek z piekarnika i odstaw na kilka minut, aby lekko ostygł. Następnie wyjmij go z formy i pozostaw do całkowitego ostygnięcia na kratce.

Śniadaniowe rogaliki z serem i szynką

🍴 8-10 rogali 🕐 25 minut

SKŁADNIKI

- 1 opakowanie ciasta francuskiego (ok. 275 g)
- 100 g szynki (np. wędzonej, drobno pokrojonej)
- 100 g sera żółtego (np. cheddar, gouda lub mozzarella) – pokrojonego w plastry lub starty
- 1 jajko (do posmarowania)
- Szczypta soli i pieprzu
- 1 łyżka masła (opcjonalnie do posmarowania blachy)
- Kilka listków bazylii lub oregano (opcjonalnie, dla aromatu)

PRZYGOTOWANIE

1. Przygotowanie ciasta:
   - Rozgrzej piekarnik do 200°C (180°C z termoobiegiem). Wyłóż blaszkę papierem do pieczenia lub posmaruj ją cienką warstwą masła.
   - Rozwiń ciasto francuskie na lekko oprószonej mąką powierzchni. Jeśli ciasto jest prostokątne, pokrój je na 8-10 trójkątów (w zależności od wielkości, jaką chcesz uzyskać).
2. Nadzienie:
   - Na każdy trójkąt ciasta nałóż kawałek szynki, a następnie plasterek sera. Możesz również dodać zioła, takie jak świeża bazylia lub oregano, by nadać rogalikom wyjątkowego smaku.
   - Zwiń ciasto od szerszej strony do wierzchołka trójkąta, tworząc kształt rogalika.
3. Posmarowanie jajkiem:
   - Roztrzep jajko w miseczce i posmaruj nim wierzch każdego rogalika. Dzięki temu rogaliki będą miały złocistą i błyszczącą skórkę podczas pieczenia.
4. Pieczenie:
   - Ułóż rogaliki na blasze, pozostawiając trochę przestrzeni między nimi.
   - Wstaw do piekarnika i piecz przez 12-15 minut, aż rogaliki staną się złociste i chrupiące.
5. Podanie:
   - Wyjmij rogaliki z piekarnika i odstaw na chwilę, aby lekko ostygły. Podawaj od razu, najlepiej jeszcze ciepłe, z ulubionymi dodatkami.

Budyń waniliowy z owocami

🍴 4-6 porcji   🕐 15 minut

SKŁADNIKI

- 500 ml mleka
- 2 łyżki cukru (można dodać więcej według uznania)
- 1 opakowanie budyniu waniliowego (40 g)
- 1 łyżeczka ekstraktu waniliowego (opcjonalnie, dla intensywniejszego smaku wanilii)
- Owoce do dekoracji: truskawki, borówki, maliny, jagody, kiwi, banany – według upodobań
- 1 łyżka masła (opcjonalnie, aby budyń był bardziej kremowy)

PRZYGOTOWANIE

1. Przygotowanie budyniu:
   - W małej misce odlej 100 ml mleka i wymieszaj je z proszkiem budyniowym i cukrem. Staraj się rozpuścić proszek budyniowy dokładnie, aby nie było grudek.
   - Pozostałe mleko wlej do rondelka i podgrzewaj na średnim ogniu, aż będzie prawie wrzało (nie dopuszczaj do zagotowania).
   - Gdy mleko jest gorące, powoli wlej rozrobiony proszek budyniowy do mleka, ciągle mieszając, aby uniknąć grudek.
   - Gotuj na małym ogniu przez kilka minut, aż budyń zgęstnieje. Pamiętaj, aby stale mieszać.
   - Na koniec dodaj masło i ekstrakt waniliowy, jeśli używasz. Mieszaj, aż masło się rozpuści i uzyskasz gładką, kremową konsystencję.
2. Dekoracja owocami:
   - Przelej gotowy budyń do miseczek lub filiżanek. Pozostaw do lekkiego ostygnięcia.
   - W międzyczasie przygotuj owoce – umyj je i pokrój na mniejsze kawałki (np. truskawki w plastry, banana w krążki, kiwi w półksiężyce).
3. Podanie:
   - Kiedy budyń lekko ostygnie, udekoruj go świeżymi owocami.
   - Podawaj na ciepło lub po schłodzeniu w lodówce – w zależności od preferencji.

Kiełbasa z grilla w bułce z kapustą kiszoną

4 porcje   **15 minut**

SKŁADNIKI

- 4 kiełbasy (np. śląska, krakowska, biała – według upodobań)
- 4 bułki (najlepiej pszenne, miękkie, owalne lub klasyczne)
- 200 g kapusty kiszonej
- 1 łyżka oleju lub masła do smażenia
- 1 cebula (opcjonalnie, jeśli lubisz dodatek cebuli)
- 1 łyżeczka kminku (opcjonalnie, do smaku)
- Musztarda (najlepiej ostra, np. francuska lub sarepska)
- Sól i pieprz do smaku

PRZYGOTOWANIE

1. Przygotowanie kapusty kiszonej:
   - Jeśli kapusta kiszona jest zbyt kwaśna, można ją przepłukać wodą, aby złagodzić smak.
   - Na patelni rozgrzej łyżkę oleju lub masła. Dodaj posiekaną cebulę i podsmaż ją na złoto.
   - Dodaj kapustę kiszoną i smaż przez 5-7 minut, aż kapusta zmięknie i lekko się zarumieni. Jeśli chcesz, możesz dodać łyżeczkę kminku dla wzbogacenia smaku. Dopraw solą i pieprzem do smaku.
2. Grillowanie kiełbasy:
   - Kiełbasy należy grillować na średnim ogniu, aż staną się rumiane i chrupiące z każdej strony (ok. 5-7 minut, w zależności od grubości kiełbasy). Jeśli nie masz grilla, możesz usmażyć je na patelni grillowej lub zwykłej patelni.
   - Ważne jest, aby kiełbasa była dobrze upieczona, ale nie przesuszona, aby pozostała soczysta.
3. Podanie:
   - Przekrój bułki wzdłuż, ale nie do końca, tak aby tworzyły „kanał" do włożenia kiełbasy.
   - Na każdej bułce ułóż kiełbasę, a następnie dodaj porcję podsmażonej kapusty kiszonej. Dla dodatkowego smaku możesz dodać odrobinę musztardy.
   - Podawaj od razu, najlepiej z dodatkiem świeżych warzyw, np. ogórka kiszonego lub sałatki z pomidorów.

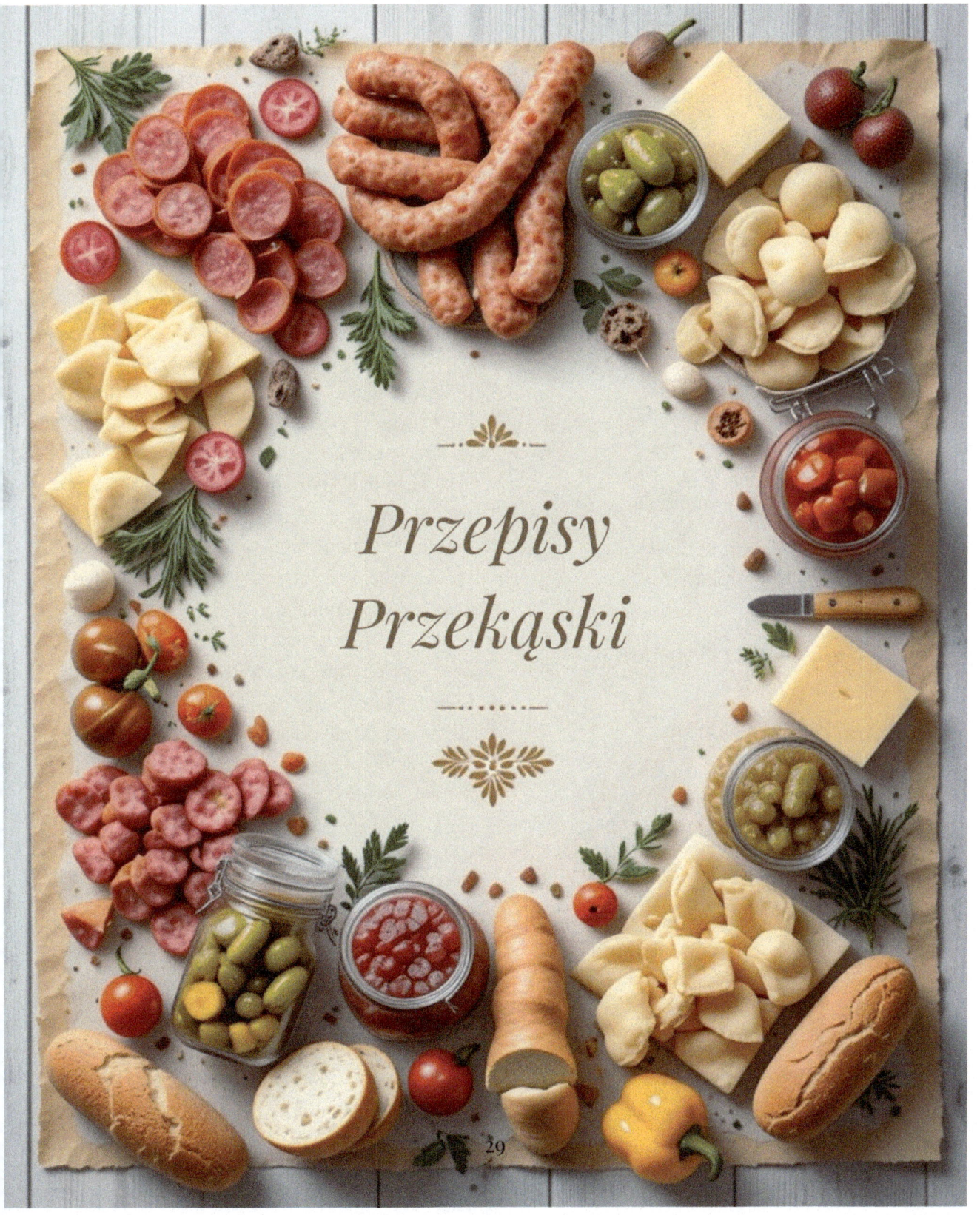

Przepisy
Przekąski

Śledzie w oleju z cebulą i koperkiem

🍴 4 porcje 🕐 10 minut

SKŁADNIKI

- 4 filety śledziowe (najlepiej matjas, wcześniej moczone w wodzie lub mleku)
- 1 duża cebula
- 3-4 łyżki świeżego koperku (posiekanego)
- 4 łyżki oleju roślinnego (np. rzepakowego lub oliwy z oliwek)
- 1 łyżka octu winnego lub jabłkowego (opcjonalnie, dla delikatnego kwaskowego smaku)
- 1-2 łyżeczki cukru (opcjonalnie, w zależności od upodobań)
- Sól i pieprz do smaku

PRZYGOTOWANIE

1. Przygotowanie śledzi:
   - Jeśli śledzie są w zalewie solnej, należy je wcześniej wymoczyć w wodzie lub mleku przez kilka godzin lub całą noc, aby pozbyć się nadmiaru soli.
   - Po wymoczeniu, opłucz filety pod zimną wodą i osusz je papierowym ręcznikiem. Pokrój je na kawałki, na przykład na 2-3 cm plastry.
2. Przygotowanie cebuli:
   - Cebulę obierz i pokrój w cienkie piórka lub krążki. Jeśli cebula jest zbyt ostra, można ją na chwilę zanurzyć we wrzątku, aby złagodzić jej smak. Następnie odsącz cebulę z wody.
3. Mieszanie składników:
   - W misce wymieszaj kawałki śledzi z pokrojoną cebulą.
   - Dodaj świeżo posiekany koperek oraz opcjonalnie cukier, ocet, sól i pieprz. Całość polej olejem i delikatnie wymieszaj, aby składniki się połączyły.
4. Odstawienie do przegryzienia się smaków:
   - Śledzie w oleju najlepiej smakują, gdy mają czas, by „przegryźć się" przez kilka godzin lub całą noc w lodówce. Idealnie, jeśli zostaną w lodówce na minimum 4 godziny, ale najlepsze będą po 12-24 godzinach.
5. Podanie:
   - Śledzie w oleju z cebulą i koperkiem podawaj na talerzu, ozdobione świeżym koperkiem. Doskonale pasują do chleba, kromek z masłem, a także jako dodatek do wódki czy na wigilijny stół.

Zrazy wołowe w sosie grzybowym

🍴 4 porcje   🕐 80 minut

SKŁADNIKI

Na zrazy:

- 4 plastry mięsa wołowego (np. polędwica lub rostbef) o grubości 1 cm
- 2-3 łyżki musztardy (najlepiej stołowej lub dijon)
- 4 plastry boczku wędzonego
- 4 plastry ogórka konserwowego
- 1 mała cebula
- Sól i pieprz do smaku
- 2-3 łyżki oleju lub masła do smażenia

Na sos grzybowy:

- 200 g świeżych grzybów (najlepiej borowików lub podgrzybków, ale mogą być też pieczarki)
- 1 cebula
- 2 łyżki masła
- 1 szklanka bulionu wołowego (może być także warzywny)
- 100 ml śmietany 30%
- 1 łyżka mąki pszennej
- Sól, pieprz, tymianek (opcjonalnie) do smaku

PRZYGOTOWANIE

1. Przygotowanie zrazów:
   - Plastry mięsa wołowego lekko rozbij tłuczkiem do mięsa, aby były cieńsze, ale nie zbyt cienkie.
   - Na każdym plastrze mięsa rozsmaruj cienką warstwę musztardy, następnie na środku ułóż plaster boczku, ogórka konserwowego oraz pokrojoną w piórka cebulę.
   - Zwiń mięso w roladki, spinając końce wykałaczkami lub sznurkiem kuchennym. Dopraw solą i pieprzem z każdej strony.

2. Smażenie zrazów:
   - Na patelni rozgrzej olej lub masło i smaż zrazy przez 3-4 minuty z każdej strony, aż mięso ładnie się zarumieni. Następnie zdejmij je z patelni i odstaw na chwilę.

3. Przygotowanie sosu grzybowego:
   - Na tej samej patelni, na której smażyły się zrazy, dodaj masło i podsmaż drobno pokrojoną cebulę, aż stanie się szklista.
   - Grzyby (świeże lub suszone) pokrój na mniejsze kawałki i dodaj do cebuli. Smaż przez kilka minut, aż grzyby zmiękną i zaczną puszczać sok.
   - Dodaj mąkę i wymieszaj, aby połączyć składniki. Następnie wlej bulion wołowy, gotuj przez kilka minut, aby sos zgęstniał.
   - Na koniec dodaj śmietanę i gotuj przez kolejne 3-4 minuty, aż sos stanie się gładki i kremowy. Dopraw solą, pieprzem i tymiankiem do smaku.

4. Duszenie zrazów:
   - Włóż zrazy do przygotowanego sosu grzybowego, przykryj i gotuj na małym ogniu przez 30-40 minut, aż mięso będzie miękkie i soczyste.

5. Podanie:
   - Zrazy podawaj polane sosem grzybowym, najlepiej z tłuczonymi ziemniakami, kluskami śląskimi lub kaszą. Można je także podać z surówką z białej kapusty lub kiszonym ogórkiem.

Placki z cukinii

🍴 4 porcje   🕐 30 minut

SKŁADNIKI

- 2 średnie cukinie
- 1 mała cebula
- 1 jajko
- 3-4 łyżki mąki pszennej (można użyć mąki pełnoziarnistej dla zdrowszej wersji)
- 2 łyżki bułki tartej
- Sól i pieprz do smaku
- 1/2 łyżeczki suszonego czosnku lub 1 świeży ząbek czosnku
- 1/2 łyżeczki suszonego oregano (opcjonalnie)
- Olej do smażenia (np. rzepakowy lub oliwa z oliwek)

PRZYGOTOWANIE

1. Przygotowanie cukinii:
   - Cukinie umyj, obetnij końce i zetrzyj na tarce o dużych oczkach. Jeśli skórka jest gruba, możesz ją obrać, ale nie jest to konieczne.
   - Po starciu cukinii, delikatnie odciśnij nadmiar wody, aby placki nie były zbyt mokre. Można to zrobić za pomocą ściereczki kuchennej lub ręką.
2. Przygotowanie farszu:
   - Cebulę obierz i drobno posiekaj. Jeśli używasz świeżego czosnku, również go posiekaj lub przeciśnij przez praskę.
   - W dużej misce wymieszaj startą cukinię, cebulę, czosnek, jajko, mąkę, bułkę tartą oraz oregano (jeśli używasz). Dopraw całość solą i pieprzem do smaku.
3. Smażenie placków:
   - Na patelni rozgrzej olej na średnim ogniu.
   - Nabieraj łyżką masę z cukinii i formuj w rękach małe placki (możesz również formować je łyżką na patelni).
   - Smaż placki z obu stron przez około 3-4 minuty, aż staną się złociste i chrupiące. Przewracaj je delikatnie, aby się nie rozpadły.
4. Odsączanie:
   - Usmażone placki układaj na papierowym ręczniku, aby pozbyć się nadmiaru tłuszczu.
5. Podanie:
   - Placki z cukinii najlepiej podawać na ciepło. Można je podać z jogurtem naturalnym, śmietaną, sosem czosnkowym, a także jako dodatek do mięsa lub sałatek.

Pasztet drobiowy z żurawiną

🍴 6-8 porcji   🕐 80 minut

SKŁADNIKI

- 500 g mielonego mięsa z kurczaka (np. pierś i udka)
- 200 g wątróbki drobiowej
- 1 średnia cebula
- 2 ząbki czosnku
- 1 jajko
- 2 łyżki bułki tartej
- 1 łyżka masła
- 1 łyżeczka suszonego tymianku
- 1/2 łyżeczki soli
- 1/4 łyżeczki świeżo mielonego czarnego pieprzu
- 100 g żurawiny suszonej (lub świeżej, jeśli dostępna)
- 50 g orzechów włoskich (opcjonalnie)
- 1 łyżka oliwy z oliwek lub oleju do smażenia

PRZYGOTOWANIE

1. Przygotowanie składników:
   - Cebulę obierz i pokrój w drobną kostkę. Czosnek obierz i przeciśnij przez praskę.
   - Wątróbkę drobiową dokładnie umyj i pokrój na mniejsze kawałki.
   - Jeśli używasz orzechów włoskich, posiekaj je na drobno.
   - Jeśli używasz świeżej żurawiny, umyj ją dokładnie i osusz.

2. Smażenie cebuli i czosnku:
   - Na patelni rozgrzej oliwę lub olej i podsmaż cebulę, aż stanie się szklista (około 5 minut).
   - Dodaj czosnek i smaż przez kolejne 1-2 minuty, aż zacznie pachnieć.

3. Smażenie wątróbki:
   - Na tej samej patelni dodaj pokrojoną wątróbkę drobiową i smaż ją na średnim ogniu przez około 10-12 minut, aż będzie dobrze usmażona (wątróbka powinna być złocista z zewnątrz, ale soczysta w środku).

4. Mielenie składników:
   - Cebulę, czosnek i wątróbkę zmiel w maszynce do mięsa (można także użyć blendera), dodając mielone mięso z kurczaka, jajko, bułkę tartą, tymianek, sól i pieprz. Mieszaj wszystkie składniki do uzyskania jednolitej masy.

5. Dodanie żurawiny i orzechów (opcjonalnie):
   - Do masy mięsnej dodaj połowę żurawiny (resztę odstaw na później) oraz posiekane orzechy włoskie. Delikatnie wymieszaj.
6. Pieczenie pasztetu:
   - Formę do pieczenia (np. keksówkę) wysmaruj masłem i posyp bułką tartą. Przełóż masę pasztetową do formy, wyrównaj wierzch.
   - Piecz w nagrzanym piekarniku do 180°C przez około 45-50 minut, aż pasztet będzie dobrze wypieczony (można sprawdzić patyczkiem, jeśli wychodzi suchy, pasztet jest gotowy).
7. Dekorowanie i podanie:
   - Po wyjęciu pasztetu z piekarnika, odstaw go na chwilę do ostygnięcia. Na wierzchu pasztetu posyp pozostałą żurawiną i (opcjonalnie) dekoruj świeżymi gałązkami tymianku.
   - Pasztet najlepiej smakuje po kilku godzinach odpoczynku lub po nocy w lodówce, gdy smaki się przegryzą.

Smalec wiejski z ogórkami kiszonymi

🍴 6-8 porcji   🕐 40 minut

SKŁADNIKI

- 500 g słoniny (najlepiej wieprzowej, surowej)
- 2 średnie cebule
- 2 ząbki czosnku
- 3-4 ogórki kiszone
- 1 łyżeczka soli
- 1/2 łyżeczki świeżo mielonego czarnego pieprzu
- 1/2 łyżeczki majeranku (opcjonalnie)
- 1-2 łyżki wody
- 1-2 łyżki smalcu (do smażenia cebuli)
- Skórka chleba (do podania, opcjonalnie)

PRZYGOTOWANIE

1. Przygotowanie słoniny:
   - Słoninę umyj, osusz i pokrój na małe kawałki (ok. 1-2 cm). Możesz ją również zmielić w maszynce do mięsa, jeśli preferujesz gładką konsystencję smalcu.
2. Smażenie słoniny:
   - W dużej patelni lub garnku rozgrzej słoninę na małym ogniu. Smaż ją powoli, aż stanie się szklista i wytopi się tłuszcz (około 15-20 minut).
   - Jeśli słonina wytopi się zbyt szybko, możesz dodać 1-2 łyżki wody, aby zapobiec przypaleniu.
3. Przygotowanie cebuli i czosnku:
   - Cebulę obierz i pokrój w drobną kostkę. Czosnek obierz i drobno posiekaj lub przeciśnij przez praskę.
   - Na osobnej patelni rozgrzej 1-2 łyżki smalcu i podsmaż cebulę, aż stanie się szklista (około 5 minut). Następnie dodaj czosnek i smaż przez dodatkową minutę.
4. Dodanie cebuli i czosnku do smalcu:
   - Kiedy słonina jest już wytopiona, dodaj do niej usmażoną cebulę z czosnkiem. Wymieszaj, a następnie smaż razem przez kolejne 2-3 minuty, aby wszystkie składniki dobrze się połączyły.

5.Dodanie ogórków kiszonych:

- Ogórki kiszone pokrój w drobną kostkę lub w plasterki, w zależności od preferencji. Dodaj je do smalcu i wymieszaj.
- Jeśli chcesz, aby ogórki były bardziej wyraziste, możesz je lekko podsmażyć na patelni przez chwilę przed dodaniem do smalcu.

6.Doprawianie:

- Całość dopraw solą, pieprzem i majerankiem (jeśli używasz). Wymieszaj wszystkie składniki i gotuj na małym ogniu przez około 5 minut, aby smalec nabrał intensywnego smaku.

7.Studzenie i przechowywanie:

- Smalec wiejski z ogórkami kiszonymi należy ostudzić do temperatury pokojowej, a następnie przełożyć do słoików lub pojemników.
- Przechowuj w lodówce, gdzie smalec będzie się dobrze przechowywał przez kilka dni.

8.Podanie:

Smalec wiejski z ogórkami kiszonymi najlepiej podawać na świeżym, chrupiącym chlebie. Możesz także dodać do niego drobno posiekaną cebulę lub kawałki kiełbasy wędzonej, aby nadać mu dodatkowy smak.

Babka ziemniaczana

🍴 6-8 porcji   🕐 75 minut

SKŁADNIKI

- 1 kg ziemniaków
- 2 średnie cebule
- 2 jajka
- 2 łyżki mąki pszennej
- 1 łyżka masła
- 1/2 łyżeczki soli
- 1/4 łyżeczki pieprzu
- 1/2 łyżeczki majeranku
- 1/2 szklanki śmietany 18%
- 2 łyżki oleju lub masła do formy
- Opcjonalnie: boczek wędzony (około 100 g), pokrojony w kostkę

PRZYGOTOWANIE

1. Przygotowanie ziemniaków:
   - Ziemniaki obierz i zetrzyj na tarce o drobnych oczkach. Następnie odciśnij nadmiar wody z ziemniaków, najlepiej przy pomocy czystej ściereczki lub gazy, aby pozbyć się nadmiaru skrobi. Pozwoli to na uzyskanie lepszej konsystencji babki.

2. Przygotowanie cebuli:
   - Cebulę obierz, pokrój w drobną kostkę i podsmaż na patelni na maśle lub oleju, aż stanie się szklista (około 5 minut). Jeśli dodajesz boczek, również podsmaż go razem z cebulą.

3. Mieszanie składników:
   - W dużej misce połącz starte ziemniaki, usmażoną cebulę z boczkiem (jeśli używasz), jajka, mąkę, śmietanę, sól, pieprz oraz majeranek. Wszystko dokładnie wymieszaj, aby uzyskać jednolitą masę.

4. Pieczenie:
   - Formę do pieczenia (np. keksówkę lub niską tortownicę) posmaruj olejem lub masłem. Wlej przygotowaną masę ziemniaczaną do formy i równomiernie ją rozprowadź.
   - Piecz w nagrzanym piekarniku do 180°C przez około 1 godzinę, aż babka będzie złocista i chrupiąca na wierzchu. Po upływie tego czasu warto sprawdzić widelcem, czy w środku jest miękka.

5. Podanie:
   - Babkę ziemniaczaną najlepiej podać na ciepło, krojąc ją na plastry. Doskonale komponuje się z kwaśną śmietaną, cebulą lub kiszonym ogórkiem.

Tatar z wołowiny z jajkiem i ogórkiem kiszonym

🍴 2-3 porcje   🕐 15 minut

SKŁADNIKI

- 300 g świeżego mięsa wołowego (najlepiej polędwicy lub rostbefu)
- 1 jajko (świeże, najlepiej z pewnego źródła)
- 1 ogórek kiszony
- 1 mała cebula
- 1 łyżeczka musztardy (może być delikatna lub ostra, wedle preferencji)
- 1 łyżeczka koncentratu pomidorowego (opcjonalnie, dla dodatkowego smaku)
- 1 łyżeczka oliwy z oliwek (opcjonalnie, do delikatnego zwilżenia masy)
- Sól i pieprz do smaku
- 1 łyżka posiekanej natki pietruszki (opcjonalnie, do dekoracji)
- Chleb lub grzanki (do podania)

PRZYGOTOWANIE

1. Przygotowanie mięsa:
   - Mięso wołowe dokładnie umyj i osusz. Pokrój je w bardzo drobną kostkę lub zmiel je w maszynce do mielenia na drobno, aby uzyskać odpowiednią konsystencję tatara. Użyj świeżego mięsa najwyższej jakości, aby uniknąć ryzyka związanego z nieświeżymi produktami.

2. Przygotowanie warzyw:
   - Cebulę obierz i pokrój w drobną kostkę. Możesz ją również namoczyć przez chwilę w zimnej wodzie, aby złagodzić jej ostry smak, jeśli preferujesz delikatniejszy aromat.
   - Ogórek kiszony pokrój w drobną kostkę. Ważne, by ogórek był dobrze ukiszony, ponieważ to nada charakterystyczny smak tatara.

3. Łączenie składników:
   - W dużej misce połącz drobno posiekane mięso, cebulę, ogórek kiszony i musztardę. Dobrze wymieszaj składniki, aby połączyły się w jednolitą masę.
   - Dodaj koncentrat pomidorowy, jeśli używasz, oraz oliwę z oliwek dla uzyskania bardziej delikatnej konsystencji i smaku.
   - Dopraw solą i świeżo mielonym pieprzem do smaku.

4. Przygotowanie jajka:
   - Na wierzch masy tatarskiej wbij surowe jajko, dbając, by nie uszkodzić żółtka. Jeśli masz obawy co do świeżości jajka, przed dodaniem możesz je sparzyć we wrzątku przez kilka sekund.

5. Podanie:
   - Przełóż przygotowany tatar na talerz, tworząc okrągłą formę.
   - Udekoruj posiekaną natką pietruszki oraz, jeśli chcesz, dodatkową porcją świeżego ogórka kiszonego lub cebuli.
   - Podawaj z grzankami lub świeżym chlebem. Tatar doskonale smakuje również z dodatkiem świeżych warzyw, takich jak pomidory czy papryka.

Sałatka jarzynowa

🍴 4-6 porcji   🕐 40 minut

SKŁADNIKI

- 4 średnie ziemniaki
- 3 marchewki
- 1 korzeń pietruszki
- 1/2 selera (opcjonalnie)
- 4 jajka
- 1/2 szklanki groszku zielonego (może być mrożony)
- 1 mały słoik majonezu
- 1 łyżka musztardy (opcjonalnie)
- Sól i pieprz do smaku
- 1 średnia cebula (opcjonalnie)
- 2 ogórki kiszone lub konserwowe
- 1 łyżeczka cukru (opcjonalnie, jeśli chcesz delikatnie złamać smak)
- 1 łyżka octu jabłkowego (opcjonalnie, dla dodatkowej kwaskowatości)

PRZYGOTOWANIE

1. Gotowanie warzyw:
   - Ziemniaki, marchewki, pietruszkę (i seler, jeśli używasz) obierz i ugotuj w osolonej wodzie do miękkości. Ziemniaki gotuj 15-20 minut, a marchewki i pietruszkę 10-15 minut, aby były al dente, ale nie rozgotowane. Po ugotowaniu, odstaw warzywa do wystygnięcia.
   - Ugotowane warzywa pokrój w drobną kostkę, a jeśli będą jeszcze zbyt duże, pokrój je na mniejsze kawałki.
2. Przygotowanie jajek:
   - Jajka gotuj na twardo przez około 10 minut. Po ugotowaniu, odstaw do ostudzenia. Następnie obierz je i pokrój w drobną kostkę.
3. Przygotowanie pozostałych składników:
   - Cebulę (jeśli używasz) obierz i pokrój w drobną kostkę. Możesz ją zalać wrzątkiem na chwilę, aby złagodzić jej ostrość, jeśli nie chcesz, by była zbyt dominująca.
   - Ogórki kiszone lub konserwowe również pokrój w małą kostkę. Jeśli są zbyt wodniste, możesz je lekko odcisnąć.
4. Mieszanie składników:
   - W dużej misce połącz pokrojone warzywa (ziemniaki, marchewki, pietruszkę), jajka, cebulę i ogórki.
   - Dodaj groszek (jeśli używasz mrożony, wcześniej go ugotuj przez kilka minut w osolonej wodzie), majonez, musztardę, sól, pieprz, cukier oraz ocet (jeśli chcesz dodać kwaskowatości).
   - Dobrze wymieszaj wszystkie składniki, aby sałatka miała jednolitą konsystencję.
5. Chłodzenie:
   - Odstaw sałatkę do lodówki na co najmniej godzinę, by składniki się przegryzły i nabrały smaku. Sałatka jarzynowa smakuje najlepiej, gdy jest dobrze schłodzona.

Pierożki ruskie

🍴 4-6 porcji   🕐 90 minut

SKŁADNIKI

Składniki na ciasto:

- 500 g mąki pszennej
- 1 jajko
- 200 ml ciepłej wody
- 1 łyżka oleju lub masła
- Szczypta soli

Składniki na farsz:

- 500 g twarogu (najlepiej półtłustego)
- 500 g ziemniaków
- 1 średnia cebula
- 2 łyżki masła
- Sól i pieprz do smaku

PRZYGOTOWANIE

Przygotowanie ciasta:

1. Wymieszaj mąkę, jajko, wodę i olej (lub masło). W misce połącz wszystkie składniki na ciasto, dodaj szczyptę soli. Stopniowo dodawaj wodę, aby uzyskać gładkie i elastyczne ciasto.
2. Zagnieć ciasto: Uformuj z ciasta kulę, a następnie przykryj ją ściereczką i odstaw na około 30 minut, by odpoczęło. W tym czasie przygotuj farsz.

Przygotowanie farszu:

1. Ugotuj ziemniaki: Obierz ziemniaki, pokrój je na kawałki i ugotuj w osolonej wodzie, aż będą miękkie (około 15-20 minut). Następnie odcedź i dokładnie rozgnieć na puree.
2. Przygotuj cebulę: Cebulę obierz i pokrój w drobną kostkę. Na patelni rozgrzej 2 łyżki masła i podsmaż cebulę na złoty kolor, aż będzie miękka.
3. Połącz składniki farszu: Do ugotowanych ziemniaków dodaj twaróg, podsmażoną cebulę, sól i pieprz. Wszystko dokładnie wymieszaj, aż powstanie jednolita masa.

Formowanie pierożków:

1. Rozwałkuj ciasto: Po odpoczynku ciasta, podziel je na mniejsze kawałki. Na oprószonej mąką stolnicy rozwałkuj każdy kawałek na cienki placek o średnicy około 8-10 cm.

2. Napełnij pierożki: Na środek każdego kółka ciasta nałóż łyżkę farszu. Złóż ciasto na pół, tworząc półksiężyc i dokładnie zlep brzegi, dociskając je widelcem lub palcami.

Gotowanie pierożków:

1. Gotowanie: W dużym garnku zagotuj wodę z solą. Wrzucaj pierożki partiami do wrzącej wody. Gotuj je przez 4-5 minut od momentu wypłynięcia na powierzchnię. Kiedy pierożki będą już gotowe, wyjmij je łyżką cedzakową i odstaw na talerz.

2. Smażenie (opcjonalnie): Jeśli chcesz, by pierożki były bardziej chrupiące, możesz je jeszcze lekko podsmażyć na patelni z odrobiną masła lub oleju przez kilka minut, aż będą złociste.

Podanie:

Pierożki ruskie najlepiej podawać z kwaśną śmietaną lub cebulką smażoną na maśle. Można je także posypać świeżym koperkiem lub prażoną cebulką.

Faworki z cukrem pudrem

🍴 4-6 porcji   🕐 60 minut

SKŁADNIKI

- 500 g mąki pszennej
- 5 jajek
- 2 łyżki śmietany 18%
- 1 łyżka cukru
- 1 łyżka spirytusu (lub wódki)
- Szczypta soli
- 1 łyżeczka cukru waniliowego
- 1 łyżka masła (rozpuszczonego)
- Olej do smażenia (najlepiej rzepakowy)
- Cukier puder do posypania

PRZYGOTOWANIE

1. Przygotowanie ciasta:
   - Do miski przesiej mąkę, dodaj szczyptę soli, cukier i cukier waniliowy. W osobnej misce rozbij jajka, dodaj śmietanę, spirytus (lub wódkę) i rozpuszczone masło.
   - Wszystkie składniki połącz w misce i zagnieć gładkie, elastyczne ciasto. Jeśli ciasto jest zbyt klejące, dodaj odrobinę mąki. Ciasto powinno być miękkie, ale sprężyste.
   - Gotowe ciasto przykryj ściereczką i odstaw na około 30 minut, aby odpoczęło.
2. Wałkowanie ciasta:
   - Po odpoczynku ciasta, rozwałkuj je na cienki placek na oprószonej mąką stolnicy. Ciasto powinno być bardzo cienkie, niemal przezroczyste (ok. 1-2 mm grubości).
   - Z rozwałkowanego ciasta wycinaj paski o szerokości 3-4 cm i długości 10-15 cm. Następnie wzdłuż każdego paska wykonaj nacięcie w środku, przez które przewlekamy jeden koniec paska, tworząc charakterystyczny kształt faworka.
3. Smażenie faworków:
   - W głębokiej patelni lub garnku rozgrzej olej do temperatury około 180°C. Użyj termometru kuchennego lub sprawdź, wrzucając kawałek ciasta – jeśli natychmiast wypłynie na powierzchnię, temperatura jest odpowiednia.
   - Wkładaj faworki partiami do gorącego oleju, smaż je na złoty kolor przez 2-3 minuty z każdej strony, aż będą chrupiące i rumiane.
   - Po usmażeniu, wykładaj faworki na ręcznik papierowy, aby odsączyć nadmiar tłuszczu.
4. Podanie:
   - Po wystudzeniu, obficie posyp faworki cukrem pudrem.

Krokiety z kapustą i grzybami

🍴 4-6 porcji   🕐 90 minut

SKŁADNIKI

Na nadzienie:

- 500 g kapusty kiszonej
- 200 g suszonych grzybów (najlepiej leśnych, np. borowików)
- 1 średnia cebula
- 2 łyżki masła
- 1 łyżka oleju
- Sól i pieprz do smaku

Na naleśniki:

- 1 szklanka mąki pszennej
- 1 szklanka mleka
- 2 jajka
- Szczypta soli
- 2 łyżki oleju
- 1 łyżeczka cukru
- 1/2 szklanki wody (opcjonalnie, w zależności od konsystencji ciasta)

Do panierowania:

- 1 jajko
- 1 szklanka bułki tartej
- Olej do smażenia

PRZYGOTOWANIE

1. Przygotowanie nadzienia:

   - Grzyby namocz w ciepłej wodzie przez około 2-3 godziny. Następnie ugotuj je w tej samej wodzie, aż będą miękkie (około 20-30 minut). Po ugotowaniu, odcedź grzyby, a następnie posiekaj je drobno.
   - Kapustę kiszoną przepłucz wodą, aby zmniejszyć jej kwasowość, a następnie gotuj w wodzie przez około 30 minut, aż będzie miękka. Po ugotowaniu, odcedź ją i posiekaj na mniejsze kawałki.
   - W dużej patelni rozgrzej 2 łyżki masła i 1 łyżkę oleju. Pokrój cebulę w drobną kostkę i zeszklij na patelni.
   - Dodaj posiekane grzyby i kapustę do cebuli. Dopraw solą i pieprzem do smaku i smaż przez kilka minut, aż całość się połączy. Pozostaw na patelni, aż nadzienie ostygnie.

2. Przygotowanie naleśników:

   - W misce wymieszaj mąkę, mleko, jajka, szczyptę soli, olej i cukier, aż masa będzie gładka i bez grudek. Jeśli ciasto jest zbyt gęste, dodaj odrobinę wody.
   - Na rozgrzanej patelni smaż cienkie naleśniki, wylewając cienką warstwę ciasta na patelnię. Smaż przez 1-2 minuty z każdej strony, aż staną się złote i elastyczne. Odkładaj na talerz.

3.Składanie krokietów:
- Na każdy naleśnik nakładaj porcję nadzienia z kapusty i grzybów (około 2 łyżki). Zwiń boki naleśnika do środka, a następnie zwiń go w rulon.
- Uformowane krokiety obtocz najpierw w rozmąconym jajku, a następnie w bułce tartej.

4.Smażenie krokietów:
- Na patelni rozgrzej olej. Smaż krokiety na złoty kolor z każdej strony przez około 3-4 minuty, aż staną się chrupiące.
- Po usmażeniu, wykładaj krokiety na ręcznik papierowy, aby odsączyć nadmiar tłuszczu.

Podanie:

Krokiety z kapustą i grzybami najlepiej podawać na ciepło, jako danie główne lub przystawkę. Świetnie smakują z barszczem czerwonym lub z sosem grzybowym.

Sałatka z buraków i kozim serem

🍴 4 porcje   🕐 20 minut

SKŁADNIKI

- 4 średnie buraki
- 100 g koziego sera (np. ser pleśniowy lub twardy kozi ser)
- 1 garść rukoli lub mieszanki sałat
- 1/2 czerwonej cebuli
- 1 łyżka orzechów włoskich (opcjonalnie)
- 2 łyżki oliwy z oliwek
- 1 łyżka octu balsamicznego
- 1 łyżeczka miodu
- Sól i pieprz do smaku

PRZYGOTOWANIE

1. Przygotowanie buraków:
   - Buraki dokładnie umyj, następnie gotuj w skórkach w osolonej wodzie przez około 40-50 minut, aż będą miękkie (możesz sprawdzić je widelcem).
   - Po ugotowaniu, ostudź buraki, obierz je ze skórki, a następnie pokrój w plastry lub kostkę, w zależności od preferencji.
2. Przygotowanie cebuli:
   - Cebulę obierz i pokrój w cienkie piórka. Jeśli chcesz, aby była łagodniejsza w smaku, możesz ją sparzyć wrzątkiem przez kilka minut.
3. Przygotowanie sałatki:
   - W dużej misce wymieszaj rukolę (lub mieszankę sałat) z pokrojonymi burakami i cebulą.
   - Jeśli chcesz dodać orzechy, upraż je na suchej patelni przez 1-2 minuty, aby uwolniły swój aromat, a następnie posiekaj na mniejsze kawałki.
4. Przygotowanie dressingu:
   - W małej miseczce wymieszaj oliwę z oliwek, ocet balsamiczny, miód, sól i pieprz. Wymieszaj do uzyskania gładkiej emulsji.
5. Składanie sałatki:
   - Na talerz lub do miski wyłóż przygotowaną sałatkę z buraków. Na wierzch pokrusz kozi ser.
   - Polej całość przygotowanym dressingiem i opcjonalnie posyp posiekanymi orzechami.

Podanie:

Sałatkę z buraków i kozim serem najlepiej podawać od razu, ale można ją także przechować w lodówce przez kilka godzin, aby smaki się przegryzły. Idealnie komponuje się z pieczywem lub jako dodatek do dań głównych, szczególnie do dań mięsnych, jak pieczeń, grillowana ryba czy kurczak.

Kabanosy i ogórki kiszone

🍴 2-4 porcje 🕐 5 minut

SKŁADNIKI

- 200 g kabanosów
- 4 ogórki kiszone
- 1 łyżka musztardy (opcjonalnie)
- 1 łyżka oliwy z oliwek (opcjonalnie)
- Świeży koperek do posypania (opcjonalnie)

PRZYGOTOWANIE

1. Przygotowanie kabanosów:
   - Kabanosy pokrój na mniejsze kawałki (np. na 3-4 cm kawałki) – w zależności od preferencji możesz je podać w całości lub pokrojone.
2. Przygotowanie ogórków kiszonych:
   - Ogórki kiszone umyj, a następnie pokrój na cienkie plasterki lub na mniejsze kawałki, w zależności od preferencji.
3. Podanie:
   - Na talerzu lub w miseczce układaj kawałki kabanosów obok pokrojonych ogórków kiszonych.
   - Jeśli lubisz, możesz dodać łyżkę musztardy i łyżkę oliwy z oliwek jako dodatkowy dip do kabanosów.
   - Opcjonalnie posyp całość świeżym koperkiem.

Podanie:

Kabanosy z ogórkami kiszonymi to doskonała, szybka przekąska. Idealnie nadaje się na imprezy, spotkania z przyjaciółmi, czy też jako przekąska do piwa lub wina. Może być również elementem zestawu na zimno, podawanego obok chleba lub innych wędlin.

Chipsy z jarmużu

🍴 2-4 porcje 🕐 25 minut

SKŁADNIKI

- 1 duży pęczek jarmużu
- 1-2 łyżki oliwy z oliwek
- Sól do smaku
- Pieprz do smaku
- 1/2 łyżeczki papryki słodkiej lub wędzonej (opcjonalnie)
- 1/2 łyżeczki czosnku w proszku (opcjonalnie)
- 1 łyżeczka nasion sezamu (opcjonalnie)

WSKAZÓWKI

Wskazówki

PRZYGOTOWANIE

1. Przygotowanie jarmużu:
   - Jarmuż dokładnie umyj i osusz ręcznikiem papierowym.
   - Oderwij liście od twardych łodyg i pokrój je na mniejsze kawałki. Ważne, aby kawałki były mniej więcej tej samej wielkości, by równomiernie się upiekły.

2. Przygotowanie przypraw:
   - W dużej misce wymieszaj oliwę z oliwek, sól, pieprz oraz opcjonalnie paprykę, czosnek w proszku i nasiona sezamu.
   - Dodaj liście jarmużu do miski i dokładnie je wymieszaj, aby każdy kawałek był równomiernie pokryty oliwą i przyprawami.

3. Pieczenie chipsów:
   - Rozgrzej piekarnik do 170°C (bez termoobiegu).
   - Na blasze wyłożonej papierem do pieczenia rozłóż równomiernie przygotowane liście jarmużu w jednej warstwie.
   - Piecz przez 10-15 minut, aż chipsy staną się chrupiące i lekko zrumienione. Co kilka minut sprawdzaj chipsy, aby nie spaliły się (jarmuż może się szybko przypalić).

4. Podanie:
   - Po upieczeniu wyjmij chipsy z piekarnika i odstaw na chwilę do ostygnięcia, aby stały się bardziej chrupiące.
   - Podawaj od razu jako zdrową przekąskę, np. z dipem jogurtowym lub hummusem.

Podanie:

Chipsy z jarmużu są idealnym zamiennikiem tradycyjnych chipsów ziemniaczanych. Świetnie sprawdzają się jako zdrowa przekąska na imprezy, spotkania ze znajomymi, a także na wieczór filmowy. Możesz je podać jako samodzielną przekąskę lub dodać do sałatek.

Kuleczki serowe z ziołami

🍴 4 porcje   🕐 20 minut

SKŁADNIKI

- 200 g sera twarogowego (najlepiej tłustego)
- 100 g sera mozzarella (starty)
- 50 g parmezanu (starty)
- 1 łyżka śmietany 18%
- 1 łyżka oliwy z oliwek
- 1/2 łyżeczki czosnku w proszku
- Sól do smaku
- Świeżo zmielony pieprz do smaku
- 1 łyżeczka suszonego oregano
- 1 łyżeczka suszonego tymianku
- 1 łyżeczka świeżych drobno posiekanych ziół (np. pietruszka, bazylia)
- Bułka tarta do obtoczenia

PRZYGOTOWANIE

1. Przygotowanie masy serowej:
   - W misce połącz twaróg, mozzarellę, parmezan oraz śmietanę. Dodaj oliwę, czosnek w proszku, sól, pieprz, oregano, tymianek oraz świeże zioła. Wszystko dokładnie wymieszaj, aż składniki dobrze się połączą. Masa powinna być dość zwarta, ale miękka.

2. Formowanie kulek:
   - Z przygotowanej masy formuj małe kulki wielkości orzecha włoskiego. Jeśli masa jest zbyt klejąca, możesz lekko zwilżyć dłonie wodą lub oliwą.

3. Obtaczanie w bułce tartej:
   - Bułkę tartą wysyp na talerz. Kuleczki serowe obtocz w bułce tartej, aż będą równomiernie pokryte z każdej strony.

4. Smażenie:
   - W głębokiej patelni rozgrzej niewielką ilość oleju. Kuleczki smaż na średnim ogniu przez kilka minut, aż będą złociste i chrupiące z zewnątrz. Podczas smażenia, delikatnie obracaj kulki, aby równomiernie się usmażyły.

5. Odsączanie:
   - Po usmażeniu kuleczki wyjmij na talerz wyłożony ręcznikiem papierowym, aby odsączyć nadmiar tłuszczu.

Podanie:

Kuleczki serowe z ziołami to pyszna, chrupiąca przekąska, idealna na imprezy, spotkania towarzyskie, lub jako dodatek do sałatek. Doskonale komponują się z różnymi sosami, np. czosnkowym, pomidorowym czy jogurtowym.

Pikantne mini-pizze na cieście francuskim

🍴 4 porcje   🕐 25 minut

SKŁADNIKI

- 1 opakowanie ciasta francuskiego (około 275-300 g)
- 100 g koncentratu pomidorowego lub passaty pomidorowej
- 100 g wędzonej kiełbasy (np. kabanos) lub pepperoni, pokrojonej w cienkie plasterki
- 100 g startego sera mozzarella
- 1/2 czerwonej cebuli, pokrojonej w cienkie plastry
- 1 papryczka chili, pokrojona w cienkie plasterki (opcjonalnie, w zależności od preferencji ostrości)
- 1/2 łyżeczki suszonego oregano
- 1/2 łyżeczki suszonej bazylii
- Sól i świeżo zmielony czarny pieprz do smaku
- Oliwa z oliwek do posmarowania

PRZYGOTOWANIE

1. Przygotowanie ciasta:
   - Rozgrzej piekarnik do 200°C (góra-dół).
   - Ciasto francuskie rozwinięte na blasze wyłóż na papier do pieczenia.
   - Używając okrągłej foremki do wykrojenia, lub nożem, pokrój ciasto na małe krążki, około 6-8 cm średnicy. Możesz też wykroić prostokątne kawałki.
2. Przygotowanie sosu pomidorowego:
   - W miseczce wymieszaj koncentrat pomidorowy lub passatę pomidorową z 1/2 łyżeczki oregano, bazylii, solą i pieprzem. Jeśli chcesz, możesz dodać odrobinę oliwy z oliwek, aby nadać sosowi głębszy smak.
3. Składanie mini-pizzy:
   - Każdy kawałek ciasta francuskiego posmaruj cienką warstwą sosu pomidorowego.
   - Na wierzch połóż kilka plasterków kiełbasy, cebuli, papryczki chili oraz posyp całość startym serem mozzarella.
4. Pieczenie:
   - Umieść mini-pizze na blaszce do pieczenia i wstaw do nagrzanego piekarnika.
   - Piecz przez 12-15 minut, aż ciasto się rozwinie i zrumieni, a ser się roztopi i lekko zrumieni.
5. Podanie:
   - Po wyjęciu z piekarnika, mini-pizze możesz posypać świeżą bazylią lub parmezanem, jeśli chcesz dodać im jeszcze więcej smaku.
   - Serwuj gorące, najlepiej z sosem czosnkowym lub jogurtowym jako dip.

Grzanki z serem i pomidorem

🍴 2-4 porcje 🕐 15 minut

SKŁADNIKI

- 4 kromki chleba
  (np. pełnoziarnistego,
  pszennego lub bagietka)
- 200 g sera żółtego (np. gouda,
  cheddar, mozzarella), startego
  lub pokrojonego w plastry
- 2 duże pomidory, pokrojone
  w plastry
- 1 ząbek czosnku, pokrojony na
  pół
- 2 łyżki oliwy z oliwek
- 1 łyżeczka suszonego oregano
- Sól i świeżo zmielony czarny
  pieprz do smaku
- Świeża bazylia do dekoracji
  (opcjonalnie)

PRZYGOTOWANIE

1. Przygotowanie grzanek:
   - Rozgrzej piekarnik do 180°C (góra-dół).
   - Kromki chleba posmaruj cienką warstwą oliwy z oliwek z obu stron.
   - Następnie, każdą kromkę chleba natrzyj połową ząbka czosnku, by nadać im aromatu.

2. Układanie składników:
   - Ułóż kromki chleba na blasze wyłożonej papierem do pieczenia.
   - Na każdej kromce chleba połóż plasterki pomidora, a następnie posyp serem.
   - Posyp każdą grzankę oregano, solą i pieprzem do smaku.

3. Pieczenie:
   - Wstaw blaszkę do nagrzanego piekarnika i piecz przez około 8-10 minut, aż ser się roztopi i lekko zrumieni, a chleb stanie się chrupiący.

4. Podanie:
   - Po upieczeniu, grzanki możesz udekorować świeżą bazylią.
   - Serwuj na ciepło jako przekąskę, dodatek do sałatki lub szybki posiłek.

Racuchy z jabłkami

🍴 2-4 porcje   🕐 20 minut

SKŁADNIKI

- 2 średnie jabłka, obrane i pokrojone w cienkie plastry
- 1 jajko
- 200 g mąki pszennej
- 150 ml mleka
- 1 łyżka cukru
- 1 łyżeczka cukru waniliowego
- 1 łyżeczka proszku do pieczenia
- Szczypta soli
- 1/2 łyżeczki cynamonu (opcjonalnie)
- Olej do smażenia
- Cukier puder do posypania

PRZYGOTOWANIE

1. Przygotowanie ciasta:
   - W misce roztrzep jajko z mlekiem.
   - Dodaj mąkę, cukier, cukier waniliowy, proszek do pieczenia, szczyptę soli oraz cynamon, jeśli używasz. Wszystko dokładnie wymieszaj, aż masa będzie gładka i bez grudek.
2. Dodanie jabłek:
   - Obierz jabłka, usuń gniazda nasienne i pokrój je w cienkie plasterki.
   - Wmieszaj plastry jabłek do przygotowanego ciasta, delikatnie je obtaczając w cieście.
3. Smażenie racuchów:
   - Na patelni rozgrzej olej na średnim ogniu. Upewnij się, że olej jest dobrze rozgrzany, ale nie zbyt gorący, aby racuchy nie spaliły się z zewnątrz.
   - Łyżką nakładaj porcje ciasta z jabłkami na rozgrzaną patelnię, formując okrągłe racuchy. Smaż przez 2-3 minuty z każdej strony, aż staną się złociste i chrupiące.
4. Podanie:
   - Po usmażeniu odsącz racuchy z nadmiaru tłuszczu na papierowym ręczniku.
   - Podawaj je gorące, posypane cukrem pudrem lub z dodatkiem miodu, dżemu czy świeżych owoców.

Dip czosnkowy z warzywami do maczania

🍴 2-4 porcje 🕐 10 minut

SKŁADNIKI

- 200 g jogurtu naturalnego (lub śmietany 18%)
- 1 ząbek czosnku, drobno posiekany lub przeciśnięty przez praskę
- 1 łyżeczka soku z cytryny
- 2 łyżki oliwy z oliwek
- 1 łyżeczka musztardy dijon (opcjonalnie)
- Sól i świeżo zmielony czarny pieprz do smaku
- 1 łyżka posiekanej świeżej pietruszki (opcjonalnie)
- 1/2 łyżeczki suszonego oregano (opcjonalnie)

Warzywa do maczania:

- Marchewki pokrojone w słupki
- Papryka czerwona i żółta pokrojona w paski
- Ogórek pokrojony w plastry lub słupki
- Rzodkiewki pokrojone w plastry
- Seler naciowy pokrojony w paski

PRZYGOTOWANIE

1. Przygotowanie dipu:
   - W misce połącz jogurt naturalny (lub śmietanę), czosnek, sok z cytryny oraz oliwę z oliwek.
   - Jeśli chcesz, dodaj musztardę dijon, która doda dipowi pikantnego smaku.
   - Dopraw solą, pieprzem oraz opcjonalnie suszonym oregano, aby wzbogacić smak dipu.
   - Na koniec, jeśli lubisz ziołowy akcent, dodaj posiekaną świeżą pietruszkę.

2. Przygotowanie warzyw:
   - Umyj dokładnie wszystkie warzywa.
   - Pokrój je na kawałki odpowiednie do maczania (np. słupki, plastry, paski).

3. Serwowanie:
   - Przełóż przygotowany dip do miseczki i podawaj z pokrojonymi warzywami do maczania.
   - Możesz podać dip w małych miseczkach jako przekąskę na imprezy, spotkania ze znajomymi lub jako zdrową przekąskę do pracy.

Kanapki z jajkiem w majonezie

🍴 2-4 porcje   🕐 15 minut

SKŁADNIKI

- 4 jajka
- 4 kromki chleba (np. pszennego, żytniego, pełnoziarnistego)
- 3 łyżki majonezu
- 1 łyżeczka musztardy (opcjonalnie)
- Sól i pieprz do smaku
- 1 łyżka posiekanej świeżej natki pietruszki (opcjonalnie)
- Kilka liści sałaty (np. masłowej lub lodowej)
- Kilka plasterków ogórka kiszonego (opcjonalnie)

PRZYGOTOWANIE

1. Gotowanie jajek:
   - Jajka ugotuj na twardo. Włóż je do garnka, zalej zimną wodą i gotuj przez około 10 minut od momentu zagotowania wody. Następnie ostudź je w zimnej wodzie, obierz ze skorupki i pokrój na drobne kawałki.

2. Przygotowanie pasty jajecznej:
   - Pokrojone jajka przełóż do miski. Dodaj majonez i, jeśli chcesz, musztardę, aby dodać paście odrobinę pikanterii.
   - Wymieszaj składniki, aż uzyskasz gładką pastę. Dopraw solą i pieprzem do smaku. Jeśli chcesz, możesz dodać posiekaną natkę pietruszki, aby nadać jej świeżości.

3. Przygotowanie kanapek:
   - Na każdej kromce chleba ułóż liść sałaty.
   - Na sałacie rozsmaruj przygotowaną pastę jajeczną.
   - Na wierzch możesz dodać plasterki ogórka kiszonego dla dodatkowego smaku (opcjonalnie).

4. Serwowanie:
   - Kanapki podawaj natychmiast, najlepiej na świeżym chlebie. Możesz je podać na śniadanie, jako przekąskę lub lunch.
   - W zależności od preferencji, kanapki można podać w całości lub pokroić na mniejsze kawałki (np. na trójkąty) jako finger food na imprezę.

Przepisy

Zupy

Żurek z kiełbasą i jajkiem

🍴 4-6 porcji 🕐 40 minut

SKŁADNIKI

- 1,5 l wody
- 300 g białej kiełbasy (najlepiej surowej, gotowanej lub wędzonej,
- w zależności od preferencji)
- 3 ząbki czosnku
- 2 średnie cebule
- 1 łyżka masła
- 1 szklanka zakwasu na żurek
- 3-4 średnie ziemniaki
- 2 jajka
- 1 łyżka majeranku
- 1 łyżeczka soli
- 1/2 łyżeczki pieprzu
- 1 łyżka octu (opcjonalnie, dla smaku)
- 2 liście laurowe
- 4-5 ziarenek ziela angielskiego
- 1/2 łyżeczki suszonego tymianku
- 1-2 łyżki śmietany 18% (opcjonalnie do zabielenia)

PRZYGOTOWANIE

1. Przygotowanie jajek:
   - Jajka ugotuj na twardo. Włóż je do garnka, zalej wodą i gotuj przez około 10 minut od momentu zagotowania wody. Następnie ostudź je w zimnej wodzie, obierz ze skorupki i pokrój na połówki lub ćwiartki.
2. Gotowanie kiełbasy:
   - W dużym garnku wstaw wodę, dodaj białą kiełbasę, liście laurowe i ziele angielskie. Gotuj przez około 15-20 minut, aż kiełbasa będzie miękka.
   - Po ugotowaniu wyjmij kiełbasę z garnka, ostudź i pokrój ją na plasterki.
3. Przygotowanie bazy zupy:
   - W międzyczasie obierz i pokrój cebulę oraz czosnek. W dużym garnku rozgrzej masło i zeszklij na nim cebulę oraz czosnek.
   - Do garnka dodaj pokrojone w kostkę ziemniaki i zalej całość wywarem, w którym gotowała się kiełbasa. Gotuj, aż ziemniaki staną się miękkie (ok. 10 minut).
4. Dodanie zakwasu i przypraw:
   - Do gotujących się ziemniaków wlej zakwas na żurek. Dopraw do smaku majerankiem, solą, pieprzem i tymiankiem. Jeśli chcesz, dodaj odrobinę octu, aby zupa miała lekko kwaskowaty smak.
   - Gotuj jeszcze przez 5 minut, aby smaki się połączyły.
5. Kończenie zupy:
   - Do zupy dodaj pokrojoną kiełbasę i gotuj całość jeszcze przez kilka minut.
   - Jeśli zupa jest zbyt kwaśna, można dodać odrobinę śmietany 18% do zabielenia lub dolać więcej wody w zależności od gustu.
   - Na końcu dodaj ugotowane na twardo jajka, pokrojone na połówki lub ćwiartki, tuż przed podaniem.
6. Podanie:
   - Żurek podawaj gorący, najlepiej z kawałkiem świeżego chleba lub bułeczką. Możesz udekorować świeżym koperkiem lub natką pietruszki.

Barszcz czerwony z uszkami

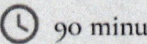

🍴 4-6 porcji   🕐 90 minut

SKŁADNIKI

Składniki na barszcz:

- 1,5 l wody
- 500 g buraków (surowych)
- 1 duża cebula
- 2 ząbki czosnku
- 2 liście laurowe
- 5-6 ziarenek ziela angielskiego
- 1 łyżka masła
- 2 łyżki octu (lub do smaku)
- 1 łyżeczka cukru
- 1-2 łyżki soli
- 1/2 łyżeczki pieprzu
- 1 szklanka zakwasu na barszcz (opcjonalnie)

Składniki na uszka:

- 250 g mąki pszennej
- 1 jajko
- 1/2 szklanki ciepłej wody
- 1 łyżka oliwy
- 1/2 łyżeczki soli
- 300 g farszu (najczęściej z grzybami i kapustą)

PRZYGOTOWANIE

Przygotowanie barszczu:

1. Przygotowanie buraków:
   - Buraki umyj, obierz i pokrój w cienkie plastry. Możesz je także zetrzeć na tarce o grubych oczkach, by przyspieszyć gotowanie.
2. Gotowanie buraków:
   - W dużym garnku zalej buraki wodą, dodaj liście laurowe, ziele angielskie i gotuj przez około 30 minut, aż buraki staną się miękkie. Możesz dodać trochę soli w trakcie gotowania, by buraki nie były zbyt wodniste.
3. Dodanie cebuli i czosnku:
   - W międzyczasie na patelni rozgrzej masło, dodaj posiekaną cebulę i czosnek. Smaż, aż staną się szklistą i miękką, a ich zapach się uwolni.
4. Przecedzenie bulionu:
   - Gdy buraki są miękkie, przecedź wywar przez sitko do osobnego garnka, aby pozbyć się resztek warzyw. Możesz je również odcisnąć, by uzyskać intensywniejszy smak.
5. Doprawianie:
   - Do bulionu buraczanego dodaj usmażoną cebulę z czosnkiem, ocet, cukier, sól oraz pieprz. Możesz także dodać zakwas na barszcz, aby uzyskać bardziej intensywny, kwaśny smak.
   - Gotuj przez kolejne 10 minut, by smaki się połączyły. Sprawdź, czy barszcz ma odpowiednią równowagę między kwaskowatością, słodyczą i solą. Dostosuj przyprawy według uznania.
6. Podanie:
   - Barszcz czerwony podawaj gorący, najlepiej z uszkami.

Przygotowanie uszek:

1. Przygotowanie ciasta:
   - W dużej misce połącz mąkę, jajko, oliwę oraz sól. Stopniowo dodawaj ciepłą wodę, mieszając, aż powstanie elastyczne ciasto. Ugniataj ciasto przez kilka minut, aby było gładkie i sprężyste. Owiń w folię spożywczą i odstaw na około 30 minut.

2. Przygotowanie farszu:
   - Na farsz do uszek wykorzystaj wcześniej ugotowaną kapustę kiszoną oraz grzyby (najczęściej borowiki lub podgrzybki). Farsz powinien być dobrze odciśnięty, aby nie był zbyt wodnisty.
   - Posiekaj kapustę i grzyby, wymieszaj z przyprawami (sól, pieprz) i smaż przez chwilę na patelni, by uzyskać bardziej wyrazisty smak.

3. Formowanie uszek:
   - Ciasto rozwałkuj na cienki placek i wycinaj kółka (można użyć szklanki). Na każdym kółku umieść małą ilość farszu i sklej brzegi, formując małe pierożki w kształcie półksiężyca. Upewnij się, że dobrze skleiłeś brzegi, aby farsz nie wypłynął podczas gotowania.

4. Gotowanie uszek:
   - W dużym garnku zagotuj wodę z odrobiną soli. Wrzucaj uszka do wrzącej wody i gotuj przez 4-5 minut, aż wypłyną na powierzchnię. Następnie wyjmuj je łyżką cedzakową.

Podawanie barszczu:

   - Barszcz czerwony nalewaj do talerzy i dodaj kilka uszek na wierzch. Możesz je podać na ciepło z dodatkiem śmietany lub posypać świeżym koperkiem dla dekoracji.

Krupnik z kaszą jęczmienną

🍴 4-6 porcji 🕐 60 minut

SKŁADNIKI

- 1,5 l wody lub bulionu (warzywnego lub mięsnego)
- 300 g mięsa (najlepiej z kurczaka, np. skrzydełka, udka lub piersi)
- 1 szklanka kaszy jęczmiennej (perłowej lub drobnej)
- 2 marchewki
- 1 pietruszka
- 1/2 selera
- 1 cebula
- 2 ząbki czosnku
- 2 liście laurowe
- 4-5 ziarenek ziela angielskiego
- 1/2 łyżeczki tymianku
- 1/2 łyżeczki majeranku
- 1 łyżka masła
- Sól i pieprz do smaku
- Świeża natka pietruszki (do posypania)
- Opcjonalnie: 1-2 łyżki śmietany 18% do zabielenia

PRZYGOTOWANIE

1. Przygotowanie mięsa:
   - Mięso dokładnie umyj, a następnie włóż do garnka z wodą lub bulionem. Gotuj na małym ogniu przez około 30 minut, aby uzyskać esencjonalny wywar. W trakcie gotowania usuń szumowiny, które zbiorą się na powierzchni, aby bulion był czysty i klarowny.

2. Przygotowanie warzyw:
   - Marchew, pietruszkę i seler obierz, a następnie pokrój w drobną kostkę lub plastry. Cebulę obierz i przekrój na pół. Czosnek drobno posiekaj.

3. Gotowanie zupy:
   - Do gotującego się wywaru z mięsem dodaj pokrojone warzywa oraz liście laurowe, ziele angielskie, tymianek i majeranek. Gotuj przez około 15 minut, aż warzywa zaczną mięknąć.

4. Dodanie kaszy:
   - Kaszę jęczmienną przepłucz na sitku pod bieżącą wodą. Następnie dodaj ją do zupy. Gotuj całość przez około 30 minut, aż kasza będzie miękka i wchłonie część płynów.

5. Doprawianie:
   - Zupę dopraw solą, pieprzem oraz ewentualnie dodaj więcej tymianku lub majeranku, jeśli chcesz wzmocnić smak. Na końcu możesz dodać 1-2 łyżki masła, aby zupa była bardziej kremowa
   - i delikatna.

6. Opcjonalne zabielenie:
   - Jeśli preferujesz zupę o kremowej konsystencji, dodaj do niej śmietanę. Możesz ją najpierw zahartować, dodając do kilku łyżek gorącego płynu z zupy, a następnie wlać całość do garnka, mieszając.

7. Podanie:
   - Krupnik podawaj gorący, posypany świeżą natką pietruszki. Dobrze smakuje z kromką świeżego chleba.

Zupa pomidorowa z makaronem

🍴 4-6 porcji 🕐 30 minut

SKŁADNIKI

- 1 litr bulionu warzywnego lub mięsnego
- 1 puszka pomidorów krojonych (400 g) lub 500 g świeżych pomidorów
- 1 cebula
- 2 ząbki czosnku
- 2 łyżki masła
- 1 łyżka oliwy z oliwek
- 1 łyżeczka cukru
- 1 łyżeczka soli (lub do smaku)
- 1/2 łyżeczki pieprzu
- 1 łyżeczka suszonego oregano
- 1 łyżeczka bazylii
- 1/2 szklanki śmietany 18%
- 100 g makaronu (np. wstążki, muszelki, makaronu świderki)
- Świeża bazylia lub natka pietruszki do dekoracji (opcjonalnie)

PRZYGOTOWANIE

1. Przygotowanie warzyw:
   - Cebulę obierz i posiekaj w drobną kostkę. Czosnek również obierz i posiekaj lub przeciśnij przez praskę.

2. Podsmażenie cebuli i czosnku:
   - W dużym garnku rozgrzej masło z oliwą. Dodaj cebulę i smaż na małym ogniu przez około 5 minut, aż stanie się miękka i szklista. Następnie dodaj czosnek i smaż jeszcze przez minutę, aż uwolni aromat.

3. Gotowanie pomidorów:
   - Dodaj pomidory (świeże lub z puszki) do garnka. Jeśli używasz świeżych, obierz je ze skórki i pokrój w kostkę. Gotuj przez około 10 minut, aż pomidory się rozpadną, a całość się zredukuje.

4. Przygotowanie zupy:
   - Wlej do garnka bulion, dodaj cukier, oregano, bazylię, sól i pieprz. Całość gotuj przez kolejne 10-15 minut, aby smaki się połączyły.

5. Dodanie makaronu:
   - W międzyczasie ugotuj makaron według instrukcji na opakowaniu, odcedź. Kiedy zupa będzie gotowa, dodaj makaron do garnka i wymieszaj.

6. Zabielenie zupy:
   - Dodaj śmietanę, mieszaj do uzyskania jednolitej konsystencji. Jeśli zupa wydaje się zbyt gęsta, możesz dodać trochę więcej bulionu lub wody, aby uzyskać odpowiednią konsystencję.

7. Podanie:
   - Zupę pomidorową podawaj gorącą, udekorowaną świeżą bazylią lub natką pietruszki. Dobrze smakuje z kromką świeżego chleba.

Zupa grzybowa z ziemniakami

🍴 4-6 porcji   🕐 50 minut

SKŁADNIKI

- 500 g świeżych grzybów leśnych (np. borowików, podgrzybków) lub 30 g suszonych grzybów
- 4 średniej wielkości ziemniaki
- 1 cebula
- 2 ząbki czosnku
- 1 litr bulionu warzywnego lub mięsnego
- 1 łyżka masła
- 1 łyżka oliwy z oliwek
- 1 łyżeczka suszonego tymianku
- 1 łyżeczka soli (lub do smaku)
- 1/2 łyżeczki pieprzu
- 1/2 szklanki śmietany 18%
- 1 łyżka mąki (opcjonalnie, do zagęszczenia)
- Świeży koperek do dekoracji (opcjonalnie)

PRZYGOTOWANIE

1. Przygotowanie grzybów:
   - Jeśli używasz suszonych grzybów, namocz je w gorącej wodzie przez około 30 minut, a następnie pokrój na mniejsze kawałki. Jeśli masz świeże grzyby, oczyść je, pokrój na plasterki.
2. Podsmażenie cebuli i czosnku:
   - W dużym garnku rozgrzej masło i oliwę. Dodaj cebulę pokrojoną w kostkę i smaż przez około 5 minut, aż stanie się szklista. Następnie dodaj czosnek i smaż jeszcze przez minutę.
3. Dodanie grzybów:
   - Do garnka dodaj pokrojone grzyby i smaż przez kilka minut, aż lekko zmiękną i puszczą sok.
4. Gotowanie zupy:
   - Zalej grzyby bulionem i dodaj przyprawy: tymianek, sól i pieprz. Gotuj na małym ogniu przez około 15 minut.
5. Przygotowanie ziemniaków:
   - Ziemniaki obierz, pokrój w kostkę i dodaj do garnka. Gotuj przez około 20 minut, aż ziemniaki będą miękkie.
6. Zagęszczenie zupy (opcjonalnie):
   - Jeśli zupa jest zbyt rzadka, możesz ją zagęścić mąką. Wymieszaj mąkę z odrobiną zimnej wody, a następnie wlej do zupy, ciągle mieszając, aż zgęstnieje.
7. Dodanie śmietany:
   - Zmniejsz ogień i wlej śmietanę, mieszaj do uzyskania gładkiej konsystencji.
8. Podanie:
   - Zupę podawaj gorącą, udekorowaną świeżym koperkiem.

Krem z dyni z prażonymi pestkami

🍴 4-6 porcji   🕐 45 minut

SKŁADNIKI

- 1 średnia dynia (około 1,5 kg)
- 1 cebula
- 2 ząbki czosnku
- 1 marchewka
- 1 ziemniak
- 1 litr bulionu warzywnego
- 200 ml śmietany 30%
- 2 łyżki oliwy z oliwek
- 1 łyżeczka imbiru świeżego lub w proszku
- 1 łyżeczka soli (lub do smaku)
- 1/2 łyżeczki pieprzu
- 1/2 łyżeczki cynamonu
- 2 łyżki pestek dyni (do prażenia)
- 1 łyżka masła (do smażenia)

PRZYGOTOWANIE

1. Przygotowanie dyni:
   - Dynię przekrój na pół, usuń nasiona i pokrój na mniejsze kawałki. Możesz ją obrać ze skóry lub upiec w całości i później zdjąć skórkę, jeśli wolisz. Następnie pokrój dynię w kostkę.
2. Smażenie warzyw:
   - W dużym garnku rozgrzej oliwę i masło. Dodaj pokrojoną cebulę i czosnek, smaż przez około 5 minut, aż cebula stanie się szklista.
3. Gotowanie zupy:
   - Dodaj pokrojoną dynię, marchewkę oraz ziemniaka do garnka. Wlej bulion warzywny, dodaj przyprawy (imbir, cynamon, sól, pieprz) i gotuj na małym ogniu przez około 30 minut, aż warzywa staną się miękkie.
4. Prażenie pestek dyni:
   - Na patelni rozgrzej małą ilość oliwy i dodaj pestki dyni. Smaż przez około 5 minut, aż staną się złociste i chrupiące. Odstaw na bok.
5. Blendowanie:
   - Po ugotowaniu warzyw, zupa powinna być miękka. Użyj blendera ręcznego lub kielichowego, aby zmiksować całą zupę na gładki krem.
6. Dodanie śmietany:
   - Wlej śmietanę do zupy i dokładnie wymieszaj, gotując jeszcze przez kilka minut na małym ogniu, aż całość się połączy.

Zupa ogórkowa

🍴 4-6 porcji   🕐 40 minut

SKŁADNIKI

- 4-5 średnich ogórków kiszonych
- 1 litr bulionu drobiowego lub warzywnego
- 3 ziemniaki
- 1 cebula
- 1 marchewka
- 1 łyżka masła
- 2 łyżki oliwy z oliwek
- 1/2 szklanki śmietany 18%
- 1 łyżeczka majeranku
- Sól i pieprz do smaku
- 1 łyżka mąki (opcjonalnie, do zagęszczenia)
- 1 łyżka koperku (opcjonalnie, do dekoracji)

PRZYGOTOWANIE

1. Przygotowanie warzyw:
   - Ogórki kiszone zetrzyj na tarce o grubych oczkach lub pokrój w drobną kostkę.
   - Ziemniaki, marchewkę i cebulę obierz i pokrój w kostkę.
2. Smażenie warzyw:
   - W dużym garnku rozgrzej masło i oliwę z oliwek. Dodaj pokrojoną cebulę i smaż przez około 5 minut, aż będzie szklista. Następnie dodaj marchewkę i ziemniaki, smaż przez kolejne 5 minut.
3. Gotowanie zupy:
   - Wlej bulion do garnka, dodaj majeranek, sól i pieprz. Gotuj na średnim ogniu przez około 15 minut, aż warzywa będą miękkie.
4. Dodanie ogórków:
   - Do gotującej się zupy dodaj starte ogórki kiszone. Gotuj przez kolejne 10 minut, aby ogórki dobrze się przegryzły z resztą składników.
5. Zagęszczenie zupy (opcjonalnie):
   - Jeśli zupa jest zbyt rzadka, w miseczce wymieszaj 1 łyżkę mąki z odrobiną zimnej wody, a następnie wlej ją do zupy. Gotuj jeszcze przez 5 minut.
6. Dodanie śmietany:
   - Na końcu wlej śmietanę do zupy, dokładnie wymieszaj i gotuj przez kilka minut na małym ogniu.

Zupa chrzanowa z jajkiem

🍴 4-6 porcji 🕐 30 minut

SKŁADNIKI

- 1 litr bulionu warzywnego lub drobiowego
- 2 średnie ziemniaki
- 1 cebula
- 2 łyżki startego chrzanu (najlepiej świeżego)
- 1 łyżka masła
- 1 szklanka śmietany 18%
- 2 jajka
- 1 łyżeczka majeranku
- Sól i pieprz do smaku
- 1 łyżka mąki (opcjonalnie, do zagęszczenia)
- Koperek do dekoracji

PRZYGOTOWANIE

1. Przygotowanie warzyw:
   - Ziemniaki obierz i pokrój w kostkę, cebulę drobno posiekaj.
2. Smażenie cebuli:
   - W dużym garnku rozgrzej masło. Dodaj cebulę i smaż przez około 5 minut, aż stanie się szklista.
3. Gotowanie zupy:
   - Do garnka wlej bulion, dodaj pokrojone ziemniaki, majeranek, sól i pieprz. Gotuj przez około 10-15 minut, aż ziemniaki będą miękkie.
4. Dodanie chrzanu:
   - W międzyczasie dodaj do zupy starty chrzan. Gotuj przez kolejne 5 minut, aby smak chrzanu dobrze się wchłonął.
5. Zagęszczenie zupy (opcjonalnie):
   - Jeśli chcesz, aby zupa była gęstsza, wymieszaj 1 łyżkę mąki z odrobiną zimnej wody i wlej do gotującej się zupy. Gotuj jeszcze przez 5 minut.
6. Dodanie śmietany i jajek:
   - Śmietanę dokładnie wymieszaj z odrobiną gorącej zupy, a następnie wlej do garnka. Gotuj na małym ogniu przez 5 minut. W tym czasie ugotuj jajka na twardo, obierz i pokrój w ćwiartki.
7. Podanie zupy:
   - Przed podaniem wlej zupę do misek, udekoruj ćwiartkami jajek i posyp koperkiem.

Kapuśniak z wędzonym mięsem

🍴 4-6 porcji   🕐 90 minut

SKŁADNIKI

- 500 g wędzonego mięsa
  (np. karkówka, boczek, żeberka)
- 1 mała kapusta kiszona
  (ok. 600 g)
- 3 średnie ziemniaki
- 1 cebula
- 2 marchewki
- 2 liście laurowe
- 3 ziarna ziela angielskiego
- 1 łyżka masła
- 1 łyżka kminku (opcjonalnie)
- Sól i pieprz do smaku
- 1-2 łyżki koncentratu
  pomidorowego (opcjonalnie)
- 2 litry wody
- 1-2 łyżki śmietany 18%
  (opcjonalnie)

PRZYGOTOWANIE

1. Przygotowanie mięsa:
   - Wędzone mięso pokrój na kawałki i włóż do garnka. Zalej wodą i gotuj przez około 1 godzinę, aby mięso było miękkie, a woda nabrała smaku.

2. Przygotowanie warzyw:
   - Kapustę kiszoną dokładnie opłucz, jeśli jest bardzo kwaśna, i poszatkuj. Ziemniaki obierz i pokrój w kostkę, marchewki w plasterki, cebulę drobno posiekaj.

3. Smażenie cebuli i warzyw:
   - W dużym garnku rozgrzej masło i dodaj cebulę. Smaż przez około 5 minut, aż cebula się zeszkli. Następnie dodaj marchewki i ziemniaki, smaż przez 5 minut.

4. Gotowanie zupy:
   - Do warzyw w garnku dodaj poszatkowaną kapustę, liście laurowe, ziele angielskie oraz gotujące się mięso z bulionem. Gotuj przez około 30-40 minut, aż warzywa będą miękkie.

5. Dodanie przypraw i wykończenie:
   - Na koniec dopraw kapuśniak solą, pieprzem i kminkiem (opcjonalnie). Możesz dodać koncentrat pomidorowy, aby nadać zupie głębszy smak.

6. Podanie zupy:
   - Jeśli chcesz, możesz dodać łyżkę śmietany do zupy przed podaniem. Podawaj kapuśniak z kawałkami wędzonego mięsa.

Rosół z kury

🍴 6-8 porcji 🕐 3 godziny

SKŁADNIKI

- 1 kura (około 1,5 kg)
- 3 marchewki
- 2 pietruszki
- 1 cebula
- 1 por
- 2 liście laurowe
- 5-6 ziaren ziela angielskiego
- Sól do smaku
- Świeży pieprz do smaku
- 1 łyżka oliwy lub masła do przypieczenia cebuli
- 3 litry wody
- 200 g makaronu (np. nitki)

PRZYGOTOWANIE

1. Przygotowanie mięsa:
   - Kurę dokładnie umyj i pokrój na mniejsze kawałki (np. na ćwiartki). Włóż do dużego garnka i zalej zimną wodą.
2. Gotowanie rosołu:
   - Wstaw garnek na średni ogień i doprowadź do wrzenia. Po zagotowaniu, zmniejsz ogień i gotuj przez 2 godziny, usuwając powstający szum (szumowiny) regularnie.
3. Przygotowanie warzyw:
   - Marchewki, pietruszki i pora obierz i pokrój na większe kawałki. Cebulę opal na suchej patelni, aż stanie się ciemno złota (możesz ją przypalić bez obierania, aby rosół nabrał głębszego smaku).
4. Gotowanie warzyw:
   - Do gotującego się rosołu dodaj przygotowane warzywa, liście laurowe, ziele angielskie oraz cebulę. Gotuj na bardzo małym ogniu przez kolejne 1,5-2 godziny, aż mięso będzie miękkie i łatwo oddzieli się od kości.
5. Przyprawienie rosołu:
   - Dopraw rosół solą i świeżo mielonym pieprzem do smaku. Jeśli rosół jest zbyt tłusty, możesz zebrać część tłuszczu, który zbierze się na powierzchni.
6. Podanie rosołu:
   - Rosół przecedź przez sitko, aby pozbyć się resztek warzyw i mięsa. Podawaj gorący rosół z ugotowanym makaronem (najlepiej nitkami), kawałkami kurczaka i świeżymi ziołami (np. natką pietruszki).

Zupa pieczarkowa

🍴 4-6 porcji 🕐 40 minut

SKŁADNIKI

- 500 g pieczarek
- 1 średnia cebula
- 2 ziemniaki
- 1,5 l bulionu warzywnego lub mięsnego
- 200 ml śmietany 18%
- 1 łyżka masła
- 2 łyżki mąki pszennej
- Sól i pieprz do smaku
- Świeży koperek do dekoracji (opcjonalnie)

PRZYGOTOWANIE

1. Przygotowanie pieczarek:
   - Pieczarki dokładnie umyj, usuń końcówki trzonków, a następnie pokrój w plasterki.
2. Smażenie pieczarek:
   - W dużym garnku rozgrzej masło. Dodaj pokrojoną cebulę i smaż, aż stanie się szklista. Następnie dodaj pieczarki i smaż przez około 5-7 minut, aż staną się miękkie i lekko zrumienione.
3. Gotowanie zupy:
   - Ziemniaki obierz i pokrój w kostkę. Do garnka z pieczarkami dodaj pokrojone ziemniaki, a następnie zalej całość bulionem. Gotuj przez około 15-20 minut, aż ziemniaki będą miękkie.
4. Zagęszczanie zupy:
   - W małej miseczce rozpuść mąkę w odrobinie zimnej wody lub bulionu, a następnie dodaj ją do gotującej się zupy. Gotuj jeszcze przez kilka minut, aż zupa lekko zgęstnieje.
5. Dodanie śmietany:
   - Zmniejsz ogień i wlej do zupy śmietanę, mieszając, aby się dobrze połączyła. Dopraw solą i pieprzem do smaku.
6. Podanie:
   - Zupę pieczarkową podawaj gorącą, udekorowaną świeżym koperkiem. Możesz dodać również grzanki lub posypać odrobiną startego sera.

Zupa cebulowa

🍴 4-6 porcji   🕐 45 minut

SKŁADNIKI

- 6 dużych cebul
- 2 łyżki masła
- 1 łyżka oliwy z oliwek
- 1 litr bulionu (warzywnego lub mięsnego)
- 150 ml białego wina (opcjonalnie)
- 1 łyżka mąki pszennej
- 1 liść laurowy
- 1 gałązka tymianku
- 1/2 łyżeczki cukru
- Sól i pieprz do smaku
- Grzanki lub kawałki bagietki
- 100 g startego sera gruyère (opcjonalnie)

PRZYGOTOWANIE

1. Przygotowanie cebuli:
   - Cebule obierz i pokrój w cienkie piórka.
2. Smażenie cebuli:
   - W dużym garnku rozgrzej masło i oliwę. Dodaj pokrojoną cebulę oraz cukier i smaż na średnim ogniu przez około 20-30 minut, aż cebula zmięknie i nabierze złocistego koloru. Ważne jest, aby cebula się nie przypaliła, więc mieszaj ją od czasu do czasu.
3. Dodanie mąki:
   - Kiedy cebula będzie już miękka i karmelizowana, posyp ją mąką i wymieszaj. Smaż przez kolejne 2 minuty, aby mąka się zrumieniła.
4. Dodanie bulionu:
   - Wlej do garnka bulion oraz wino (jeśli używasz). Dodaj liść laurowy i gałązkę tymianku. Gotuj zupę przez około 20 minut na małym ogniu, aby smaki się połączyły. Dopraw solą i pieprzem do smaku.
5. Podanie:
   - Zupę cebulową podawaj gorącą, z grzankami lub kawałkami bagietki na wierzchu. Na grzankach możesz położyć starty ser gruyère, a następnie zapiec w piekarniku, aż ser się roztopi i lekko zrumieni.

Zupa kalafiorowa z koperkiem

🍴 4-6 porcji   🕐 30 minut

SKŁADNIKI

- 1 średni kalafior
- 1 litr bulionu warzywnego lub mięsnego
- 2 ziemniaki
- 1 marchewka
- 1 cebula
- 2 łyżki masła
- 1 łyżka mąki pszennej
- 1/2 szklanki śmietany 18%
- 1 pęczek świeżego koperku
- Sól i pieprz do smaku

PRZYGOTOWANIE

1. Przygotowanie warzyw:
   - Kalafior podziel na różyczki. Ziemniaki obierz i pokrój w kostkę. Marchewkę obierz i pokrój w plasterki. Cebulę drobno posiekaj.

2. Smażenie cebuli:
   - W dużym garnku rozgrzej masło. Dodaj posiekaną cebulę i smaż na średnim ogniu przez 5-7 minut, aż stanie się miękka i szklista.

3. Gotowanie zupy:
   - Do garnka z cebulą dodaj pokrojone ziemniaki, marchewkę oraz kalafior. Wlej bulion, doprowadź do wrzenia, a następnie gotuj przez około 15-20 minut, aż warzywa będą miękkie.

4. Zagęszczanie zupy:
   - W małej miseczce wymieszaj 1 łyżkę mąki z 1/2 szklanki wody, a następnie wlej ją do gotującej się zupy, mieszając dokładnie, aby uniknąć grudek. Gotuj przez kilka minut, aż zupa zgęstnieje.

5. Dodanie śmietany i koperku:
   - Zmniejsz ogień i dodaj do zupy śmietanę, dokładnie mieszając. Na koniec posiekaj świeży koperek i dodaj do zupy. Dopraw solą i pieprzem do smaku.

6. Podanie:
   - Zupę kalafiorową podawaj na gorąco, najlepiej z dodatkiem świeżego chleba.

Zupa fasolowa

🍴 4-6 porcji   🕐 60 minut

SKŁADNIKI

- 250 g białej fasoli (najlepiej namoczyć ją przez noc)
- 1 średnia cebula
- 2 marchewki
- 2 ziemniaki
- 2 ząbki czosnku
- 1 litr bulionu warzywnego lub mięsnego
- 2 łyżki oleju
- 1 łyżeczka majeranku
- 1 liść laurowy
- 2 ziela angielskie
- Sól i pieprz do smaku
- 1/2 łyżeczki papryki słodkiej (opcjonalnie)
- 2 łyżki śmietany 18% (opcjonalnie)
- 1 łyżka masła (opcjonalnie)

PRZYGOTOWANIE

1. Namaczanie fasoli:
   - Fasolę dokładnie przepłucz i namocz w wodzie przez noc. Jeśli nie masz czasu, możesz użyć fasoli z puszki, ale warto wcześniej ją przepłukać.
2. Gotowanie fasoli:
   - Po namoczeniu, odcedź fasolę i przełóż do garnka. Zalej ją świeżą wodą (około 1,5 litra), dodaj liść laurowy i ziele angielskie. Gotuj fasolę na średnim ogniu przez 45-60 minut, aż będzie miękka.
3. Przygotowanie warzyw:
   - Marchewki obierz i pokrój w plasterki. Ziemniaki obierz i pokrój w kostkę. Cebulę oraz czosnek drobno posiekaj.
4. Smażenie warzyw:
   - W osobnym garnku rozgrzej olej, dodaj posiekaną cebulę i czosnek, a następnie smaż przez kilka minut, aż cebula stanie się szklista. Dodaj pokrojone marchewki iziemniaki, smaż przez 5 minut.
5. Gotowanie zupy:
   - Do garnka z warzywami dodaj ugotowaną fasolę wraz z bulionem. Dopraw majerankiem, solą, pieprzem oraz opcjonalnie papryką słodką. Gotuj całość przez 20-30 minut, aż warzywa staną się miękkie.
6. Zagęszczanie zupy (opcjonalnie):
   - Jeśli chcesz, by zupa była gęstsza, część fasoli możesz rozgnieść widelcem lub zmiksować blenderem na gładką masę, a następnie dodać do reszty.
7. Podanie:
   - Zupę fasolową podawaj gorącą. Dodatkowo, jeśli lubisz, możesz dodać łyżkę masła oraz łyżkę śmietany do każdej porcji, co nada jej kremowego smaku.

Zupa brokułowa

🍴 4-6 porcji 🕐 30 minut

SKŁADNIKI

- 1 brokuł (około 500 g)
- 1 średnia cebula
- 2 ząbki czosnku
- 2 ziemniaki
- 1 litr bulionu warzywnego lub drobiowego
- 1 łyżka masła
- 1/2 szklanki śmietany 18%
- Sól i pieprz do smaku
- 1/2 łyżeczki gałki muszkatołowej (opcjonalnie)
- 1 łyżeczka suszonego tymianku (opcjonalnie)
- 1 łyżka oliwy z oliwek (opcjonalnie)
- Grzanki lub prażony słonecznik do podania (opcjonalnie)

PRZYGOTOWANIE

1. Przygotowanie brokuła:
   - Brokuł podziel na mniejsze różyczki. Możesz również użyć łodyg, obierając je ze skórki i pokroić w małe kawałki.

2. Gotowanie warzyw:
   - W dużym garnku rozgrzej masło, dodaj posiekaną cebulę oraz czosnek i smaż przez 2-3 minuty, aż staną się miękkie.
   - Ziemniaki obierz i pokrój w kostkę, a następnie dodaj je do garnka z cebulą i czosnkiem. Smaż przez kilka minut, mieszając od czasu do czasu.

3. Gotowanie zupy:
   - Do garnka wlej bulion i dodaj różyczki brokuła. Gotuj na średnim ogniu przez około 15-20 minut, aż warzywa staną się miękkie.

4. Blendowanie zupy:
   - Po ugotowaniu, zupę zdejmij z ognia i użyj blendera ręcznego lub tradycyjnego, aby zmiksować ją na gładką masę. Jeśli chcesz, aby zupa była bardziej kremowa, możesz dodać śmietanę i ponownie dokładnie wymieszać.

5. Doprawianie:
   - Do zupy dodaj sól, pieprz, gałkę muszkatołową oraz tymianek, aby nadać jej głębszy smak. Wymieszaj dokładnie i sprawdź, czy nie wymaga dodatkowego doprawienia.

6. Podanie:
   - Zupę brokułową podawaj gorącą, z dodatkiem grzanek lub prażonego słonecznika, aby dodać jej chrupkości.

Zupa warzywna z grochem

🍴 4-6   🕐 50 minut

SKŁADNIKI

- 1 szklanka suchego grochu łuskanego
- 2 marchewki
- 2 ziemniaki
- 1 pietruszka
- 1 cebula
- 1 por (część białą)
- 2 ząbki czosnku
- 1 litr bulionu warzywnego lub drobiowego
- 2 łyżki oleju roślinnego
- Sól i pieprz do smaku
- 1/2 łyżeczki majeranku
- 1/2 łyżeczki tymianku
- 1 liść laurowy
- 3 ziarna ziela angielskiego
- Świeża natka pietruszki do posypania (opcjonalnie)

PRZYGOTOWANIE

1. Namaczanie grochu:
   - Groch łuskany przepłucz dokładnie pod zimną wodą. Warto namoczyć go przez około 2-3 godziny, aby skrócić czas gotowania (można też zostawić na całą noc). Jeśli nie masz czasu, można go użyć od razu, jednak zupa będzie gotować się dłużej.

2. Przygotowanie warzyw:
   - Marchewki, pietruszkę i ziemniaki obierz i pokrój w kostkę. Por pokrój w półplasterki, a cebulę w drobną kostkę. Czosnek posiekaj lub przeciśnij przez praskę.

3. Smażenie warzyw:
   - W dużym garnku rozgrzej olej i dodaj cebulę oraz czosnek. Smaż przez 2-3 minuty, aż staną się lekko miękkie. Następnie dodaj por, marchew, pietruszkę i ziemniaki. Smaż przez kolejne 3-4 minuty.

4. Gotowanie zupy:
   - Do garnka wlej bulion i dodaj namoczony groch, liść laurowy oraz ziele angielskie. Gotuj na małym ogniu przez około 40-50 minut, aż groch i warzywa będą miękkie. Jeśli używasz nie namoczonego grochu, gotowanie może potrwać nieco dłużej.

5. Doprawianie:
   - Po ugotowaniu zupy, dodaj majeranek, tymianek, sól i pieprz do smaku. W razie potrzeby możesz dodać więcej bulionu, jeśli zupa jest za gęsta.

6. Podanie:
   - Zupę podawaj gorącą, posypaną świeżą natką pietruszki. Możesz dodać kromkę świeżego chleba lub grzanki jako dodatek.

Zupa koperkowa z młodymi ziemniakami

🍴 4-6 porcji 🕐 30 minut

SKŁADNIKI

- 6-8 młodych ziemniaków
- 1 cebula
- 2 marchewki
- 1 litr bulionu warzywnego lub drobiowego
- 1 pęczek świeżego koperku
- 2 łyżki masła
- 2 łyżki śmietany 18%
- Sól i pieprz do smaku
- 1 liść laurowy
- 2 ziarna ziela angielskiego
- 1/2 łyżeczki cukru (opcjonalnie, w celu złagodzenia smaku)

PRZYGOTOWANIE

1. Przygotowanie warzyw:
   - Młode ziemniaki dokładnie umyj i pokrój w plasterki (jeśli są małe, możesz zostawić je w całości). Marchewki obierz i pokrój w cienkie plasterki, a cebulę w drobną kostkę.

2. Gotowanie zupy:
   - W dużym garnku rozgrzej masło i dodaj cebulę. Smaż przez 2-3 minuty, aż cebula stanie się lekko szklista. Następnie dodaj marchewkę i smaż jeszcze przez chwilę.

3. Wlewamy bulion:
   - Wlej bulion do garnka, dodaj pokrojone ziemniaki, liść laurowy oraz ziele angielskie. Gotuj na średnim ogniu przez około 20 minut, aż ziemniaki staną się miękkie.

4. Dodawanie koperku:
   - Do gotującej się zupy dodaj posiekany koperek (zachowaj trochę do dekoracji). Dopraw zupę solą, pieprzem i ewentualnie szczyptą cukru, aby złagodzić kwaskowatość.

5. Dodanie śmietany:
   - Kiedy ziemniaki będą miękkie, wlej śmietanę i dokładnie wymieszaj. Gotuj jeszcze przez 2-3 minuty, aby zupa się połączyła i lekko zgęstniała.

6. Podanie:
   - Zupę podawaj gorącą, posypaną świeżym koperkiem. Świetnie komponuje się z kawałkiem świeżego chleba lub grzankami.

Zupa z czerwonej soczewicy

🍴 4-6 porcji   🕐 30 minut

SKŁADNIKI

- 200 g czerwonej soczewicy
- 1 cebula
- 2 marchewki
- 2 ząbki czosnku
- 1 litr bulionu warzywnego
- 1 łyżka oliwy z oliwek
- 1 łyżeczka kuminu
- 1 łyżeczka kurkumy
- Sól i pieprz do smaku
- Sok z 1/2 cytryny
- 1 łyżka natki pietruszki (do dekoracji)
- 1/2 łyżeczki papryki słodkiej (opcjonalnie, dla smaku)

PRZYGOTOWANIE

1. Przygotowanie warzyw:
   - Cebulę obierz i pokrój w drobną kostkę. Marchewki obierz i pokrój w plasterki. Czosnek drobno posiekaj.
2. Smażenie warzyw:
   - W dużym garnku rozgrzej oliwę z oliwek i dodaj cebulę. Smaż przez 2-3 minuty, aż cebula stanie się szklista. Dodaj czosnek, marchewki, kumin i kurkumę. Smaż jeszcze przez 1-2 minuty, mieszając, aby przyprawy uwolniły swój aromat.
3. Gotowanie zupy:
   - Wlej bulion warzywny do garnka, a następnie dodaj czerwoną soczewicę. Gotuj na średnim ogniu przez około 20-25 minut, aż soczewica i marchewki staną się miękkie. Jeśli zupa będzie zbyt gęsta, możesz dodać trochę więcej wody lub bulionu.
4. Doprawianie:
   - Zupę dopraw solą, pieprzem i sokiem z cytryny do smaku. Jeśli lubisz, możesz dodać trochę papryki słodkiej, aby nadać jej intensywniejszy kolor i smak.
5. Miksowanie:
   - Jeśli chcesz, aby zupa miała kremową konsystencję, możesz ją zmiksować za pomocą blendera ręcznego lub przełożyć do blendera kielichowego i zmiksować na gładką masę.
6. Podanie:
   - Zupę podawaj gorącą, posypaną natką pietruszki. Świetnie smakuje z grzankami lub świeżym chlebem.

Zupa z kiszonej kapusty

🍴 4-6 porcji   🕐 60 minut

SKŁADNIKI

- 500 g kiszonej kapusty
- 1 cebula
- 2 marchewki
- 1 ziemniak
- 1,5 litra bulionu (warzywnego lub mięsnego)
- 200 g wędzonego boczku (opcjonalnie)
- 2 łyżki oleju lub masła
- 2 ząbki czosnku
- 1 liść laurowy
- 5 ziaren ziela angielskiego
- Sól i pieprz do smaku
- 1 łyżka cukru (opcjonalnie, dla złagodzenia smaku)
- 1 łyżka majeranku
- 1 łyżka śmietany (opcjonalnie, do podania)

PRZYGOTOWANIE

1. Przygotowanie składników:
   - Kiszoną kapustę przepłucz pod zimną wodą, jeśli chcesz, aby zupa nie była zbyt kwaśna. Następnie posiekaj ją drobniej, jeśli kawałki są zbyt duże.
   - Cebulę obierz i pokrój w drobną kostkę, marchewki obierz i zetrzyj na tarce o dużych oczkach, ziemniaka obierz i pokrój w kostkę, czosnek drobno posiekaj.
2. Smażenie boczku i cebuli:
   - W dużym garnku rozgrzej olej lub masło. Dodaj pokrojony boczek (jeśli go używasz) i smaż przez 3-4 minuty, aż stanie się lekko chrupiący.
   - Dodaj cebulę i smaż przez kolejne 2-3 minuty, aż cebula zmięknie i stanie się szklista.
3. Gotowanie zupy:
   - Dodaj do garnka pokrojone marchewki, ziemniaki, czosnek oraz kapustę kiszoną. Wlej bulion i dodaj liść laurowy, ziele angielskie, cukier, majeranek oraz sól i pieprz do smaku.
   - Doprowadź do wrzenia, a następnie gotuj na małym ogniu przez około 40-50 minut, aż warzywa będą miękkie, a smaki dobrze się połączą.
4. Doprawianie:
   - Po ugotowaniu zupy spróbuj i ewentualnie dopraw jeszcze solą, pieprzem lub cukrem, jeśli smak jest zbyt kwaśny.
5. Podanie:
   - Zupę podawaj gorącą, opcjonalnie z łyżką śmietany, która nada jej kremowości.

Zupa pomidorowa z ryżem

🍴 4-6 porcji 🕐 40 minut

SKŁADNIKI

- 1 litr bulionu warzywnego lub mięsnego
- 500 g pomidorów świeżych lub 1 puszka pomidorów krojonych
- 1 cebula
- 2 łyżki oleju lub masła
- 1 marchewka
- 1/2 szklanki ryżu (najlepiej krótkoziarnistego)
- 2 ząbki czosnku
- 1 łyżeczka cukru
- 1 liść laurowy
- 2 ziela angielskie
- Sól i pieprz do smaku
- Śmietana (opcjonalnie, do podania)
- Świeża bazylia lub natka pietruszki (opcjonalnie)

PRZYGOTOWANIE

1. Przygotowanie składników:
   - Cebulę obierz i pokrój w drobną kostkę, marchewkę obierz i zetrzyj na tarce o dużych oczkach, czosnek drobno posiekaj.
   - Jeśli używasz świeżych pomidorów, sparz je wrzątkiem, obierz ze skórki, a następnie pokrój w kostkę. Jeśli używasz pomidorów z puszki, po prostu otwórz puszkę.

2. Smażenie warzyw:
   - W dużym garnku rozgrzej olej lub masło. Dodaj cebulę i smaż przez 2-3 minuty, aż stanie się szklista.
   - Dodaj marchewkę oraz czosnek i smaż przez kolejne 2 minuty, aż warzywa lekko zmiękną.

3. Gotowanie zupy:
   - Do garnka dodaj pokrojone pomidory (świeże lub z puszki) i wlej bulion. Dodaj liść laurowy, ziele angielskie oraz cukier, aby złagodzić kwasowość pomidorów. Dopraw solą i pieprzem do smaku.
   - Doprowadź do wrzenia, a następnie zmniejsz ogień i gotuj przez 15-20 minut, aż pomidory całkowicie się rozpadną, a smaki się połączą.

4. Dodanie ryżu:
   - Dodaj do zupy ryż i gotuj na małym ogniu przez 15-20 minut, aż ryż będzie miękki i dobrze wchłonie smak zupy.

5. Podanie:
   - Zupę podawaj gorącą, opcjonalnie z łyżką śmietany oraz posypaną świeżą bazylią lub natką pietruszki.

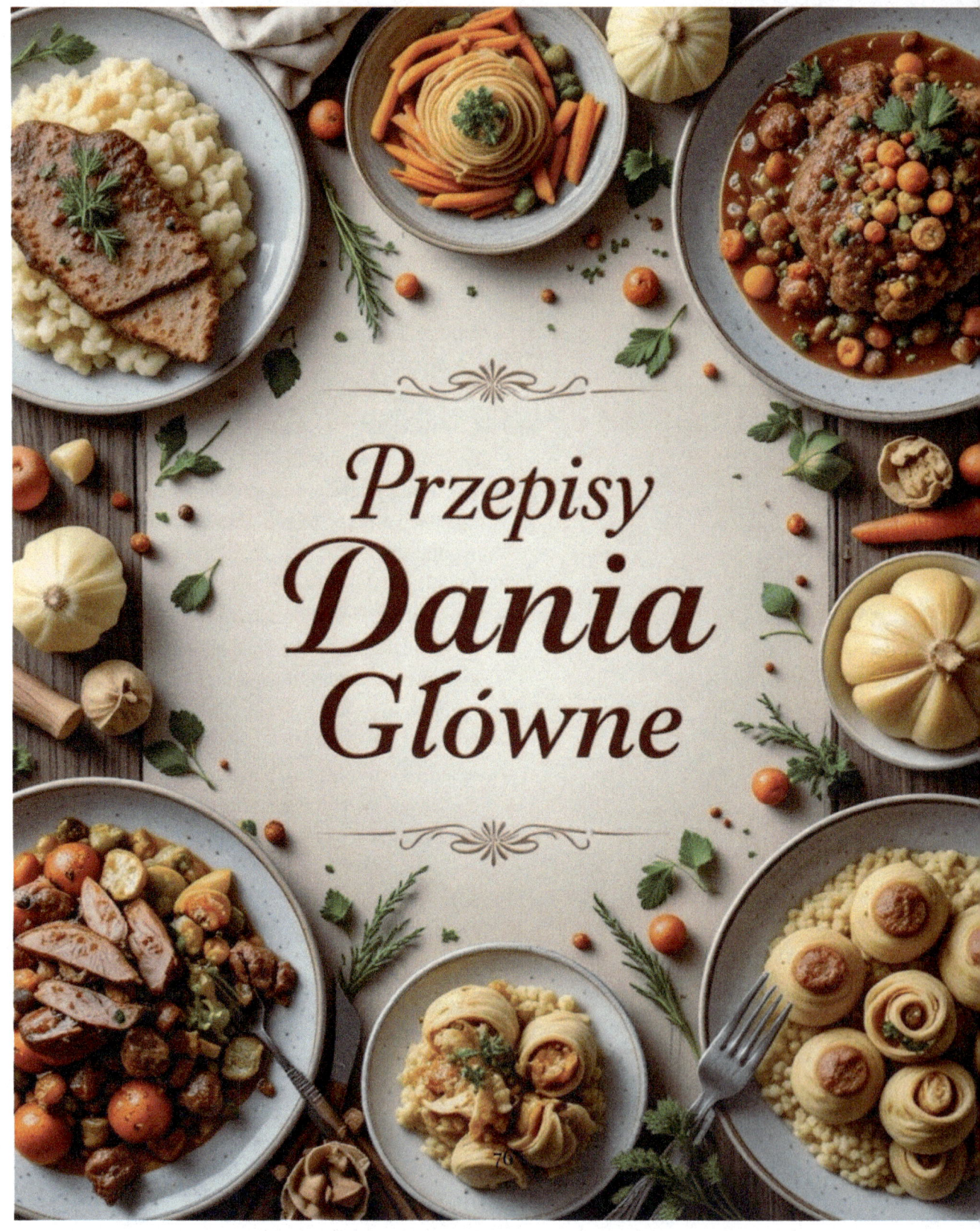

Przepisy
Dania
Główne

Kotlety schabowe z ziemniakami i kapustą kiszoną

🍴 4 porcje   🕐 45 minut

SKŁADNIKI

- 4 kotlety schabowe
- 1 jajko
- 1 szklanka bułki tartej
- 1 szklanka mąki pszennej
- Sól i pieprz do smaku
- 1 łyżeczka papryki słodkiej
- Olej do smażenia
- 1 kg ziemniaków
- 500 g kapusty kiszonej
- 1 cebula
- 1 łyżka masła

PRZYGOTOWANIE

1. Przygotowanie kotletów schabowych: Kotlety schabowe rozbij lekko tłuczkiem, aby były cienkie. Następnie posól i popieprz z obu stron,

2. a następnie obtocz je w mące, jajku i bułce tartej. Upewnij się, że kotlety są równomiernie pokryte panierką.

3. Smażenie kotletów: Na patelni rozgrzej olej. Smaż kotlety na średnim ogniu przez około 4-5 minut z każdej strony, aż staną się złociste i chrupiące. Odsącz na papierowym ręczniku, aby pozbyć się nadmiaru tłuszczu.

4. Gotowanie ziemniaków: Ziemniaki obierz i pokrój na mniejsze kawałki. Gotuj w osolonej wodzie przez 15-20 minut, aż będą miękkie. Odcedź, a następnie utłucz je z dodatkiem masła i odrobiną soli.

5. Przygotowanie kapusty kiszonej: Kapustę kiszoną opłucz, aby pozbyć się nadmiaru soli. Następnie pokrój ją na mniejsze kawałki, jeśli jest zbyt długa. Cebulę posiekaj w drobną kostkę i podsmaż na patelni na maśle przez kilka minut, aż stanie się miękka i lekko złocista. Dodaj kapustę i smaż przez kolejne 5-7 minut. Jeśli kapusta jest zbyt kwaśna, możesz dodać odrobinę cukru do smaku.

6. Serwowanie: Na talerzach ułóż porcję ziemniaków, obok umieść kotlet schabowy i porcję kapusty kiszonej. Podawaj natychmiast, najlepiej z ulubionym sosem.

Gulasz wołowy z kluskami śląskimi

🍴 4 porcje   🕐 2 godziny

SKŁADNIKI

Na gulasz:

- 800 g mięsa wołowego (np. łopatka lub karkówka)
- 2 cebule
- 2 ząbki czosnku
- 2 łyżki mąki pszennej
- 1 łyżeczka papryki słodkiej
- 1 łyżeczka papryki ostrej (opcjonalnie)
- 2 łyżki oleju lub smalcu
- 1 szklanka bulionu wołowego
- 2 łyżki koncentratu pomidorowego
- 1 liść laurowy
- 3 ziarna ziela angielskiego
- 1 łyżeczka tymianku
- Sól i pieprz do smaku
- 1 łyżka masła

Na kluski śląskie:

- 1 kg ziemniaków
- 200 g mąki pszennej
- 1 jajko
- Sól do smaku

PRZYGOTOWANIE

1. Przygotowanie gulaszu: Mięso wołowe pokrój na kawałki o wielkości około 3-4 cm. Cebule posiekaj w drobną kostkę, czosnek drobno posiekaj lub przeciśnij przez praskę. Na dużej patelni rozgrzej olej lub smalec i obsmaż kawałki mięsa na złoto z każdej strony. Przełóż mięso do garnka.

2. W tym samym naczyniu podsmaż cebulę i czosnek aż staną się miękkie i lekko złociste. Dodaj paprykę słodką oraz ostrą, a następnie smaż przez minutę, aby uwolniły się aromaty. Posyp mięso mąką, dobrze wymieszaj, a następnie dodaj bulion, koncentrat pomidorowy, liść laurowy, ziele angielskie i tymianek. Gotuj na małym ogniu przez 1,5-2 godziny, aż mięso będzie miękkie i delikatne. Dopraw solą i pieprzem do smaku.

3. Przygotowanie klusek śląskich: Ziemniaki ugotuj w osolonej wodzie do miękkości. Po ugotowaniu, odcedź je i jeszcze gorące przeciśnij przez praskę lub utłucz na puree. Odstaw do lekkiego przestudzenia. Następnie wymieszaj ziemniaki z mąką i jajkiem. Dodaj szczyptę soli.

4. Z powstałej masy uformuj małe kulki, a w każdej z nich zrób palcem niewielkie wgłębienie. W dużym garnku zagotuj osoloną wodę, a następnie wrzucaj kluski na wrzątek. Gotuj je przez kilka minut, aż wypłyną na powierzchnię. Wyjmuj je łyżką cedzakową i przełóż do garnka z masłem, aby je lekko obtoczyć.

5. Serwowanie: Na talerzu podaj porcję gulaszu z mięsem i sosie, a obok ułóż kluski śląskie. Całość polej sosem z gulaszu i posyp świeżym koperkiem lub natką pietruszki.

Zrazy wołowe w sosie grzybowym

🍴 4 porcje   🕐 90 minut

SKŁADNIKI

Na zrazy:

- 800 g mięsa wołowego (najlepiej rostbef, łopatka lub karkówka)
- 2 łyżki musztardy
- 4 plastry wędzonego boczku
- 2 ogórki kiszone
- 1 cebula
- 2 łyżki oleju do smażenia
- Sól i pieprz do smaku
- 2 łyżki masła

Na sos grzybowy:

- 200 g świeżych grzybów (np. pieczarki, borowiki lub mieszanka grzybów leśnych)
- 1 cebula
- 1 szklanka bulionu wołowego
- 100 ml śmietany 30%
- 2 łyżki mąki pszennej
- 2 łyżki masła
- Sól, pieprz i tymianek do smaku

PRZYGOTOWANIE

1. Przygotowanie zrazów: Mięso wołowe pokrój w cienkie plastry (ok. 1 cm grubości) i rozbij delikatnie tłuczkiem na cienkie kotlety. Na każdym kawałku mięsa rozsmaruj cienką warstwę musztardy, następnie nałóż plaster boczku, kawałek ogórka kiszonego i kawałek cebuli (opcjonalnie). Zwiń mięso w zrazy i dokładnie zabezpiecz wykałaczkami lub sznurkiem kuchennym, aby zachowały formę podczas gotowania.

2. Na dużej patelni rozgrzej olej i smaż zrazy na złoto z każdej strony. Następnie przełóż je do garnka.

3. Przygotowanie sosu grzybowego: Na tej samej patelni, na której smażyły się zrazy, rozpuść masło i podsmaż pokrojoną w drobną kostkę cebulę aż stanie się szklista. Dodaj pokrojone grzyby i smaż przez kilka minut, aż puszczą wodę i lekko się zrumienią.

4. Posyp mąką i dobrze wymieszaj, smaż przez minutę. Następnie wlej bulion wołowy, mieszając, aby nie powstały grudki. Gotuj na małym ogniu przez 10-15 minut, aż sos lekko zgęstnieje. Na koniec dodaj śmietanę i dopraw solą, pieprzem oraz tymiankiem do smaku.

5. Połączenie zrazów z sosem: Zrazy wlej do gotowego sosu grzybowego, przykryj i gotuj na małym ogniu przez kolejne 30-40 minut, aż mięso będzie miękkie, a sos zgęstnieje.

6. Serwowanie: Zrazy wołowe w sosie grzybowym podawaj z ulubionymi dodatkami, np. ziemniakami, kaszą gryczaną lub kluskami śląskimi. Całość możesz posypać świeżym koperkiem lub pietruszką.

Karp smażony w panierce z ziemniakami

🍴 4 porcje   🕐 40 minut

SKŁADNIKI

Na karpia:

- 1 średni karp (ok. 1 kg), oczyszczony i pokrojony na dzwonki
- 2 jajka
- 1 szklanka mąki pszennej
- 1 szklanka bułki tartej
- 1 łyżeczka soli
- 1/2 łyżeczki pieprzu
- 1 łyżeczka papryki słodkiej
- Olej do smażenia (najlepiej roślinny lub masło klarowane)

Na ziemniaki:

- 800 g ziemniaków
- 2 łyżki masła
- Sól do smaku
- Świeży koperek (opcjonalnie)

PRZYGOTOWANIE

1. Przygotowanie karpia: Dzwonki karpia dokładnie opłucz, osusz papierowym ręcznikiem. Następnie posól i popieprz z obu stron.

2. W misce roztrzep jajka. Na talerzu wymieszaj bułkę tartą z mąką, papryką słodką, solą i pieprzem.

3. Każdy kawałek ryby najpierw zanurz w jajku, a potem obtocz w mieszance bułki tartej i mąki, dociskając, aby panierka dobrze przylegała.

4. Smażenie karpia: Na dużej patelni rozgrzej olej (lub masło klarowane). Wkładaj kawałki karpia na patelnię i smaż na średnim ogniu przez około 4-5 minut z każdej strony, aż panierka będzie złocista i chrupiąca, a ryba dobrze usmażona w środku.

5. Przygotowanie ziemniaków: Ziemniaki obierz, pokrój na mniejsze kawałki (np. ćwiartki lub plasterki), a następnie ugotuj w osolonej wodzie przez 15-20 minut, aż będą miękkie, ale nie rozgotowane.

6. Serwowanie: Po ugotowaniu ziemniaków, odcedź je i przełóż do garnka. Dodaj masło i dokładnie wymieszaj, aż masło się rozpuści, a ziemniaki staną się kremowe. Posyp świeżym koperkiem.

7. Podanie: Na talerz wyłóż smażonego karpia, a obok umieść ziemniaki. Całość możesz udekorować świeżymi ziołami lub plasterkami cytryny.

Pieczony kurczak z ziemniakami i warzywami

🍴 4 porcje   🕐 2 godziny

SKŁADNIKI

Na kurczaka:

- 1 kurczak (około 1,5 kg), oczyszczony
- 2 łyżki oliwy z oliwek
- 3 ząbki czosnku, posiekane
- 1 cytryna
- 1 łyżeczka soli
- 1/2 łyżeczki pieprzu
- 1 łyżeczka tymianku
- 1 łyżeczka rozmarynu
- 1/2 łyżeczki papryki słodkiej
- 1/2 łyżeczki papryki wędzonej (opcjonalnie)
- 1 cebula, pokrojona w ćwiartki

Na ziemniaki i warzywa:

- 800 g ziemniaków, obranych i pokrojonych w ćwiartki
- 2 marchewki, pokrojone w plasterki
- 1/2 selera, pokrojonego w kostkę
- 1 papryka, pokrojona w paski
- 1 łyżka oliwy z oliwek
- Sól i pieprz do smaku
- 1 łyżeczka tymianku
- 1 łyżeczka rozmarynu

PRZYGOTOWANIE

1. Przygotowanie kurczaka: Rozgrzej piekarnik do 200°C (góra-dół). Kurczaka umyj i osusz papierowym ręcznikiem. W misce wymieszaj oliwę z oliwek, posiekany czosnek, sok z cytryny, sól, pieprz, tymianek, rozmaryn oraz paprykę. Wsmaruj marynatę dokładnie w całego kurczaka, zarówno na skórze, jak i pod skórą. Do wnętrza kurczaka włóż ćwiartki cebuli oraz kilka gałązek rozmarynu i tymianku.

2. Przygotowanie warzyw: Ziemniaki, marchewki, seler i paprykę przełóż do dużej miski. Polej oliwą z oliwek, dodaj sól, pieprz, tymianek i rozmaryn. Dokładnie wymieszaj, aby warzywa były równomiernie pokryte przyprawami.

3. Pieczenie: Na blasze do pieczenia rozłóż warzywa, a na środku umieść przygotowanego kurczaka. Wstaw do piekarnika i piecz przez około 1,5 godziny, co 30 minut polewając kurczaka wytworzonym sosem. Jeśli skórka kurczaka zacznie się za bardzo rumienić, przykryj go folią aluminiową na ostatnią godzinę pieczenia.

4. Podanie: Po upieczeniu kurczaka, wyjmij z piekarnika i odstaw na kilka minut, aby odpoczął. Następnie pokrój na porcje. Podawaj z pieczonymi warzywami.

Polędwiczki wieprzowe w sosie musztardowym

🍴 4 porcje   🕐 35 minut

SKŁADNIKI

- 2 polędwiczki wieprzowe (około 600 g)
- 2 łyżki oliwy z oliwek
- 1 cebula, posiekana
- 3 ząbki czosnku, posiekane
- 150 ml bulionu drobiowego lub warzywnego
- 150 ml śmietany 30%
- 2 łyżki musztardy dijon
- 1 łyżka musztardy francuskiej (opcjonalnie)
- 1 łyżeczka miodu
- 1 łyżeczka tymianku
- Sól i pieprz do smaku
- 1 łyżka masła
- Świeża natka pietruszki do dekoracji

PRZYGOTOWANIE

1. Przygotowanie polędwiczek: Polędwiczki wieprzowe oczyść z błon, a następnie pokrój na plastry o grubości około 2 cm. Każdy kawałek mięsa delikatnie rozbij tłuczkiem, aby stał się cieńszy i bardziej miękki. Dopraw solą i pieprzem z obu stron.

2. Smażenie polędwiczek: W dużej patelni rozgrzej oliwę z oliwek. Na rozgrzanej patelni smaż plastry polędwiczek przez około 2-3 minuty z każdej strony, aż będą lekko zrumienione. Następnie zdejmij je z patelni i odstaw na bok.

3. Przygotowanie sosu musztardowego: Na tej samej patelni, na której smażyły się polędwiczki, dodaj posiekaną cebulę i czosnek. Smaż przez około 2-3 minuty, aż cebula stanie się miękka i szklista. Dodaj bulion, musztardę dijon, musztardę francuską (jeśli używasz) oraz miód. Gotuj przez 2-3 minuty, aż sos nieco się zredukuje. Następnie dodaj śmietanę i tymianek, dokładnie wymieszaj.

4. Duszenie polędwiczek w sosie: Do sosu włóż usmażone polędwiczki i gotuj na małym ogniu przez około 10-12 minut, aż mięso będzie miękkie, a sos zgęstnieje. W razie potrzeby dopraw solą i pieprzem do smaku.

5. Podanie: Gotowe polędwiczki wieprzowe w sosie musztardowym przełóż na talerze, polej sosem i udekoruj świeżą natką pietruszki. Podawaj z ulubionymi dodatkami, np. ziemniakami, kaszą lub warzywami.

Bigos z kapusty kiszonej

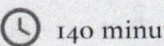 6-8 porcji   🕐 140 minut

SKŁADNIKI

- 1 kg kapusty kiszonej
- 500 g mięsa wieprzowego (np. łopatka, karkówka), pokrojonego w kostkę
- 300 g kiełbasy (np. śląska lub wiejska), pokrojonej w plastry
- 1 cebula, posiekana
- 2 ząbki czosnku, posiekane
- 1 marchewka, starta na tarce o grubych oczkach
- 200 ml czerwonego wina (opcjonalnie)
- 2 łyżki koncentratu pomidorowego
- 2 liście laurowe
- 5 ziaren ziela angielskiego
- 1 łyżeczka kminku
- 1 łyżeczka papryki słodkiej
- Sól i pieprz do smaku
- 1 łyżka oleju do smażenia
- 100 g suszonych grzybów (opcjonalnie, najlepiej borowików lub podgrzybków)
- 200 ml wody lub bulionu
- 2 łyżki cukru
- 2 łyżki masła (do podsmażenia)

PRZYGOTOWANIE

1. Przygotowanie kapusty: Kapustę kiszoną odciśnij z nadmiaru soku i pokrój na mniejsze kawałki, jeśli jest zbyt długa. Jeśli jest bardzo kwaśna, możesz ją przepłukać wodą. Grzyby suszone, jeśli używasz, namocz w wodzie przez około 30 minut, a następnie pokrój na mniejsze kawałki.

2. Smażenie mięsa: W dużym garnku rozgrzej olej. Dodaj mięso wieprzowe pokrojone w kostkę i smaż na złoto przez 5-7 minut. Następnie dodaj kiełbasę pokrojoną w plastry i smaż przez kolejne 3-4 minuty, aż lekko się zrumieni.

3. Smażenie warzyw: Do garnka z mięsem dodaj cebulę i czosnek. Smaż przez około 2 minuty, aż cebula zmięknie. Następnie dodaj startą marchewkę i smaż jeszcze przez 3-4 minuty.

4. Gotowanie bigosu: Do garnka dodaj kapustę kiszoną, namoczone grzyby, liście laurowe, ziele angielskie, kminek, paprykę, koncentrat pomidorowy oraz cukier. Wlej czerwone wino (jeśli używasz) oraz wodę lub bulion. Dokładnie wymieszaj.

5. Duszenie: Bigos gotuj na małym ogniu przez około 1,5 do 2 godzin, mieszając co jakiś czas. W razie potrzeby, dodaj więcej wody lub bulionu, aby bigos nie przywarł do dna garnka. Dopraw do smaku solą i pieprzem.

6. Finalizacja: Na koniec dodaj masło i dokładnie wymieszaj. Gotowy bigos powinien być gęsty, z dobrze przegryzionymi smakami. Podawaj na gorąco.

Placki ziemniaczane z gulaszem

 4 porcje 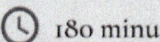 180 minut

SKŁADNIKI

Składniki na placki ziemniaczane:

- 1 kg ziemniaków
- 1 cebula
- 2 jajka
- 2–3 łyżki mąki pszennej
- Sól i pieprz do smaku
- Olej do smażenia

Składniki na gulasz:

- 500 g mięsa wołowego (np. łopatka, karkówka), pokrojonego w kostkę
- 1 cebula, posiekana
- 2 ząbki czosnku, posiekane
- 1 papryka czerwona, pokrojona w kostkę
- 1 marchewka, pokrojona w plastry
- 400 g pomidorów z puszki lub świeżych pomidorów, pokrojonych
- 1 łyżeczka papryki słodkiej
- 1/2 łyżeczki papryki ostrej (opcjonalnie)
- 1 liść laurowy
- 2 ziarna ziela angielskiego
- 300 ml bulionu wołowego (lub woda)
- Sól i pieprz do smaku
- 1 łyżka oleju do smażenia

PRZYGOTOWANIE

1. Placki ziemniaczane:

   - Ziemniaki obierz i zetrzyj na tarce o drobnych oczkach. Odciskaj nadmiar wody, aby placki były chrupiące.
   - Cebulę obierz i drobno posiekaj. Dodaj ją do ziemniaków.
   - Wbij jajka, dodaj mąkę, sól i pieprz. Wymieszaj dokładnie.
   - Na patelni rozgrzej olej i smaż placki ziemniaczane na złoty kolor z obu stron, formując je łyżką. Odsącz na papierowym ręczniku, aby pozbyć się nadmiaru tłuszczu.

2. Gulasz:

   - W dużym garnku rozgrzej łyżkę oleju. Dodaj pokrojone mięso wołowe i smaż na złoto przez około 5–7 minut.
   - Dodaj cebulę i czosnek, smaż jeszcze przez 3 minuty, aż staną się miękkie.
   - Dodaj pokrojoną paprykę, marchewkę, paprykę słodką i ostrą, liść laurowy oraz ziele angielskie. Smaż przez kilka minut.
   - Wlej pomidory, dodaj bulion i dopraw solą oraz pieprzem. Gotuj na małym ogniu przez około 1,5 godziny, aż mięso będzie miękkie, a sos zgęstnieje.
   - Dopraw do smaku, jeśli potrzeba.

3. Podanie:

   - Na talerzu ułóż placki ziemniaczane, a na wierzch nałóż gulasz.
   - Podawaj gorące.

Żeberka pieczone w miodzie i musztardzie

🍴 4 porcje   🕐 5 godzin

SKŁADNIKI

- 1 kg żeberek wieprzowych
- 3 łyżki miodu
- 3 łyżki musztardy dijon
- 2 łyżki oliwy z oliwek
- 2 ząbki czosnku, posiekane
- 1 łyżeczka papryki słodkiej
- 1/2 łyżeczki papryki ostrej (opcjonalnie)
- Sól i pieprz do smaku
- 1 łyżka octu balsamicznego
- 1 łyżka sosu sojowego
- Świeże zioła (np. tymianek, rozmaryn) do dekoracji

Czas przygotowania: 20 minut

Czas marynowania: 2 godziny (najlepiej cała noc)

Czas pieczenia: 1,5 - 2 godziny

PRZYGOTOWANIE

1. Przygotowanie marynaty:
   - W misce wymieszaj miód, musztardę dijon, oliwę z oliwek, czosnek, paprykę słodką i ostrą, ocet balsamiczny oraz sos sojowy. Dopraw solą i pieprzem do smaku.
   - Dokładnie wymieszaj, aż składniki się połączą, tworząc gładką marynatę.

2. Marynowanie żeberek:
   - Żeberka dokładnie umyj i osusz papierowym ręcznikiem. Pokrój je na kawałki (np. 2-3 kości).
   - Włóż żeberka do miski z przygotowaną marynatą. Wmasuj marynatę w mięso i dokładnie pokryj je ze wszystkich stron.
   - Przykryj miskę folią spożywczą i odstaw do lodówki na co najmniej 2 godziny, najlepiej na całą noc, aby mięso dobrze wchłonęło smaki.

3. Pieczenie:
   - Rozgrzej piekarnik do 180°C (góra-dół).
   - Ułóż żeberka na blasze wyłożonej papierem do pieczenia. Jeśli zostało trochę marynaty, polej nią mięso.
   - Piecz przez 1,5 do 2 godzin, regularnie obracając żeberka i polewając je marynatą, aby były soczyste i równomiernie zarumienione.
   - Pod koniec pieczenia możesz zwiększyć temperaturę do 200°C na kilka minut, aby uzyskać chrupiącą skórkę.

4. Podanie:
   - Żeberka podawaj na ciepło, dekorując świeżymi ziołami, np. tymiankiem lub rozmarynem.
   - Idealnie komponują się z pieczonymi ziemniakami, sałatką z kapusty lub grillowanymi warzywami.

Pieczeń rzymska z ziemniakami

🍴 4-6 porcji   🕐 110 minut

SKŁADNIKI

- 500 g mielonego mięsa wołowego
- 500 g mielonego mięsa wieprzowego
- 1 cebula, drobno posiekana
- 2 ząbki czosnku, posiekane
- 1 jajko
- 100 g bułki tartej
- 1/2 szklanki mleka
- 1 łyżeczka soli
- 1/2 łyżeczki pieprzu
- 1 łyżeczka suszonego majeranku
- 1 łyżeczka papryki słodkiej
- 1 łyżka musztardy
- 2 łyżki oliwy z oliwek
- 1 kg ziemniaków, obranych i pokrojonych w plastry
- 1/2 szklanki bulionu warzywnego lub wody
- Świeży rozmaryn lub tymianek do dekoracji

PRZYGOTOWANIE

1. Przygotowanie mięsa:
   - W dużej misce wymieszaj oba rodzaje mięsa mielonego. Dodaj jajko, bułkę tartą, mleko, sól, pieprz, majeranek, paprykę słodką oraz musztardę.
   - Cebulę i czosnek posiekaj drobno, a następnie podsmaż na 1 łyżce oliwy z oliwek, aż staną się miękkie i szkliste. Dodaj do mięsa i dokładnie wymieszaj całość.
   - Z masy mięsnej uformuj kształt prostokątnej pieczeni.

2. Przygotowanie ziemniaków:
   - Ziemniaki obierz, pokrój w cienkie plastry i umieść w naczyniu żaroodpornym.
   - Skrop ziemniaki oliwą z oliwek, posól i popieprz do smaku, a następnie dokładnie wymieszaj, aby ziemniaki były równomiernie pokryte przyprawami.

3. Pieczenie:
   - Ułóż uformowaną pieczeń na wierzchu ziemniaków w naczyniu żaroodpornym.
   - Wlej bulion warzywny (lub wodę) do naczynia, aby ziemniaki mogły się upiec i zmiękły, a pieczeń była soczysta.
   - Piecz w nagrzanym piekarniku do 180°C przez około 1,5 godziny, aż pieczeń będzie dobrze wypieczona, a ziemniaki miękkie i złociste. Pod koniec pieczenia możesz przykryć pieczeń folią aluminiową, aby była bardziej wilgotna.

4. Podanie:
   - Po upieczeniu pieczeń rzymską pokrój na plastry i podawaj z ziemniakami, udekorowanymi świeżym rozmarynem lub tymiankiem.
   - Możesz również podać z dodatkiem ulubionego sosu lub surówki.

Pulpety w sosie pomidorowym

🍴 4 porcje   🕐 50 minut

SKŁADNIKI

Na pulpety:

- 500 g mielonego mięsa wieprzowego lub wołowego
- 1 jajko
- 2 łyżki bułki tartej
- 1/4 szklanki mleka
- 1 mała cebula, drobno posiekana
- 1 ząbek czosnku, posiekany
- 1 łyżeczka soli
- 1/2 łyżeczki pieprzu
- 1/2 łyżeczki suszonego majeranku
- 1/2 łyżeczki papryki słodkiej
- 2 łyżki oliwy z oliwek do smażenia

PRZYGOTOWANIE

1. Przygotowanie pulpety:
   - W dużej misce wymieszaj mielone mięso, jajko, bułkę tartą, mleko, posiekaną cebulę, czosnek, majeranek, paprykę, sól i pieprz.
   - Uformuj z masy mięsnej małe pulpety o średnicy około 3-4 cm.
   - Na patelni rozgrzej oliwę z oliwek i smaż pulpety na średnim ogniu przez 8-10 minut, aż będą dobrze zrumienione z każdej strony. Pulpety nie muszą być jeszcze w pełni ugotowane, ponieważ będą się gotować w sosie.

2. Przygotowanie sosu pomidorowego:
   - W osobnym rondlu rozgrzej oliwę z oliwek. Dodaj posiekaną cebulę i czosnek, smaż przez 2-3 minuty, aż staną się miękkie i szkliście.
   - Dodaj pomidory (krojone lub passatę), cukier, sól, pieprz, oregano, bazylię oraz wodę. Doprowadź do wrzenia, następnie zmniejsz ogień i gotuj przez 10-15 minut, aż sos lekko zgęstnieje.

3. Gotowanie pulpetów w sosie:
   - Do sosu pomidorowego włóż usmażone pulpety i gotuj je w sosie przez kolejne 10-15 minut, aż będą całkowicie ugotowane i przejdą smakiem sosu.
   - W razie potrzeby, dopraw sos do smaku solą, pieprzem lub ziołami.

Na sos pomidorowy:

- 1 puszka (400 g) pomidorów krojonych lub passaty pomidorowej
- 1 cebula, drobno posiekana
- 2 ząbki czosnku, posiekane
- 1 łyżeczka cukru
- 1 łyżeczka soli
- 1/2 łyżeczki pieprzu
- 1 łyżeczka suszonego oregano
- 1 łyżeczka bazylii
- 1/4 szklanki wody
- 2 łyżki oliwy z oliwek

4.Podanie:

- Pulpety w sosie pomidorowym podawaj z dodatkiem, np. z makaronem, ryżem lub ziemniakami.
- Możesz także posypać je świeżą bazylią lub parmezanem.

Łosoś pieczony w ziołach z ryżem

🍴 4 porcje   🕐 25 minut

SKŁADNIKI

Na łososia:

- 4 filety z łososia (po ok. 150–200 g każdy)
- 1 łyżka oliwy z oliwek
- 1 cytryna (sok i skórka)
- 1 łyżeczka suszonego tymianku
- 1 łyżeczka suszonego oregano
- 1/2 łyżeczki soli
- 1/2 łyżeczki pieprzu
- 2 ząbki czosnku, drobno posiekane
- 1 łyżka świeżych ziół (np. koperek lub natka pietruszki) do posypania

Na ryż:

- 1 szklanka ryżu (najlepiej basmati lub jaśminowy)
- 2 szklanki wody
- 1 łyżka oliwy z oliwek
- 1/2 łyżeczki soli
- 1 łyżeczka suszonego rozmarynu (opcjonalnie)

PRZYGOTOWANIE

1. Przygotowanie łososia:
   - Piekarnik rozgrzej do 180°C.
   - Filety z łososia umyj, osusz papierowym ręcznikiem i umieść na blasze wyłożonej papierem do pieczenia.
   - Skrop łososia oliwą z oliwek, a następnie posyp solą, pieprzem, tymiankiem, oregano oraz drobno posiekanym czosnkiem.
   - Zetrzyj skórkę z cytryny i wyciśnij sok, który następnie polej na łososiu.
   - Piecz łososia w piekarniku przez około 12-15 minut, aż mięso stanie się miękkie i łatwo będzie się rozdzielać widelcem. Czas pieczenia może się różnić w zależności od grubości filetów.

2. Przygotowanie ryżu:
   - W międzyczasie, ugotuj ryż. W dużym garnku zagotuj wodę, dodaj łyżkę oliwy z oliwek, sól i opcjonalnie suszony rozmaryn.
   - Do wrzącej wody wsyp ryż, zamieszaj, przykryj garnek i gotuj na małym ogniu przez około 10-12 minut, aż woda wchłonie się, a ryż będzie miękki.
   - Po ugotowaniu odstaw ryż na kilka minut, a następnie delikatnie wymieszaj widelcem.

3. Podanie:
   - Gotowego łososia podawaj z ryżem, posypanym świeżymi ziołami, np. koperkiem lub natką pietruszki. Możesz również dodać kawałki cytryny do dekoracji.

Kotlety mielone z ziemniakami i buraczkami

 4 porcje 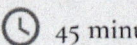 45 minut

SKŁADNIKI

Na kotlety mielone:

- 500 g mięsa mielonego (wołowo-wieprzowego lub tylko wieprzowego)
- 1 jajko
- 1 średnia cebula, drobno posiekana
- 2 ząbki czosnku, drobno posiekane
- 3 łyżki bułki tartej
- 1/2 szklanki mleka
- 1 łyżeczka soli
- 1/2 łyżeczki pieprzu
- 1 łyżeczka suszonego majeranku
- 2 łyżki oleju do smażenia

Na ziemniaki:

- 1 kg ziemniaków
- 1 łyżka masła
- 1/4 szklanki mleka
- Sól do smaku

Na buraczki:

- 3 średnie buraki
- 1 łyżka octu
- 1 łyżeczka cukru
- Sól i pieprz do smaku

PRZYGOTOWANIE

1. Przygotowanie kotletów mielonych:
   - W misce wymieszaj mięso mielone z jajkiem, cebulą, czosnkiem, bułką tartą i mlekiem. Dopraw solą, pieprzem i majerankiem.
   - Z masy formuj kotlety i lekko je spłaszcz. W dużej patelni rozgrzej olej i smaż kotlety na średnim ogniu przez około 5-7 minut z każdej strony, aż będą złociste i dobrze wysmażone. Jeśli chcesz, aby były delikatniejsze, możesz je podlać odrobiną wody i przykryć patelnię na chwilę, aby dusiły się przez kilka minut.

2. Przygotowanie ziemniaków:
   - Ziemniaki obierz, pokrój na mniejsze kawałki i ugotuj w osolonej wodzie przez około 20 minut, aż będą miękkie.
   - Odcedź je, a następnie zgnieć widelcem lub przepuść przez praskę. Dodaj masło i mleko, a następnie dopraw solą do smaku. Jeśli chcesz, możesz dodać trochę świeżego koperku dla smaku.

3. Przygotowanie buraczków:
   - Buraki umyj, obierz i zetrzyj na tarce o drobnych oczkach.
   - Na patelni podgrzej 1 łyżkę oleju, a następnie dodaj starte buraki. Smaż przez około 5 minut, mieszając od czasu do czasu.
   - Dodaj ocet, cukier, sól i pieprz. Smaż przez kolejne 5-7 minut, aż buraczki będą miękkie i lekko karmelizowane.

4. Podanie:
   - Na talerzu ułóż porcję kotletów mielonych, ziemniaków i buraczków. Możesz dodatkowo posypać świeżym koperkiem lub natką pietruszki.

Golonka pieczona z kapustą

🍴 4 porcje   🕐 135 minut

SKŁADNIKI

Na golonkę:
- 2 golonki wieprzowe (około 1,2 kg)
- 4 ząbki czosnku
- 1 cebula
- 2 łyżki musztardy dijon
- 1 łyżka miodu
- 1 łyżka oleju roślinnego
- 1 łyżeczka majeranku
- 1/2 łyżeczki tymianku
- 1/2 łyżeczki papryki słodkiej
- Sól i pieprz do smaku
- 1 szklanka piwa (najlepiej ciemnego)

Na kapustę:
- 1 kg kapusty kiszonej
- 1 cebula
- 2 łyżki oleju roślinnego
- 1 łyżka kminku
- 1/2 szklanki wody
- 1 liść laurowy
- 3 ziarna ziela angielskiego
- Sól i pieprz do smaku

PRZYGOTOWANIE

1. Przygotowanie golonki:
   - Golonki dokładnie umyj, osusz i naciśnij skórę nożem w kilku miejscach.
   - Czosnek obierz i posiekaj na drobno, cebulę pokrój w piórka.
   - W misce wymieszaj musztardę, miód, olej, majeranek, tymianek, paprykę, czosnek oraz cebulę. Dopraw solą i pieprzem do smaku.
   - Gotową marynatą dokładnie natrzyj golonki. Odstaw je do lodówki na minimum 2 godziny, a najlepiej na całą noc, aby dobrze wchłonęły smaki.

2. Przygotowanie kapusty:
   - Na dużej patelni lub w garnku rozgrzej olej, dodaj pokrojoną w kostkę cebulę i smaż przez kilka minut, aż stanie się szklista.
   - Dodaj kapustę kiszoną, kminek, liść laurowy, ziele angielskie oraz wodę. Dopraw solą i pieprzem do smaku.
   - Gotuj na małym ogniu przez około 30 minut, aż kapusta zmięknie i nabierze smaku. W razie potrzeby dolewaj wody.

3. Pieczenie golonki:
   - Rozgrzej piekarnik do 180°C.
   - Golonki przełóż do naczynia żaroodpornego, podlej piwem i przykryj folią aluminiową.
   - Piecz przez około 1,5-2 godziny, co jakiś czas polewając golonki wytworzonym sosem, aby nie były suche.
   - Ostatnie 30 minut pieczenia zdejmij folię, aby skórka stała się chrupiąca i złocista.

4. Podanie:
   - Na talerzu ułóż porcję kapusty kiszonej, obok umieść pieczoną golonkę. Możesz podać z ulubionymi dodatkami, np. ziemniakami lub chlebem.

Krewetki w czosnku z ryżem

🍴 2-3 porcje   🕐 25 minut

SKŁADNIKI

Na krewetki:

- 400 g krewetek (najlepiej świeżych lub mrożonych, obranych)
- 4 ząbki czosnku
- 2 łyżki masła
- 1 łyżka oliwy z oliwek
- Sok z połowy cytryny
- 1 łyżeczka papryki chili (opcjonalnie)
- Sól i pieprz do smaku
- Świeża pietruszka do dekoracji

Na ryż:

- 200 g ryżu (np. basmati lub jaśminowego)
- 1 łyżka masła
- Sól do smaku

PRZYGOTOWANIE

1. Przygotowanie ryżu:
   - Ryż przepłucz pod zimną wodą, a następnie ugotuj w osolonej wodzie zgodnie z instrukcją na opakowaniu (zwykle gotuje się przez około 10-12 minut).
   - Po ugotowaniu, odcedź ryż i wróć do garnka. Dodaj łyżkę masła i dokładnie wymieszaj. Przykryj i odstaw na chwilę, aby ryż odpoczął.

2. Przygotowanie krewetek:
   - Jeśli używasz mrożonych krewetek, najpierw je rozmroź i osusz ręcznikiem papierowym.
   - Czosnek obierz i posiekaj na drobno.
   - Na dużej patelni rozgrzej oliwę z oliwek i masło. Dodaj posiekany czosnek i smaż na średnim ogniu przez około 1 minutę, aż zacznie intensywnie pachnieć.
   - Dodaj krewetki na patelnię i smaż przez 2-3 minuty z każdej strony, aż staną się różowe i dobrze usmażone. W trakcie smażenia dodaj paprykę chili (jeśli używasz), sok z cytryny, sól i pieprz do smaku.

3. Podanie:
   - Na talerzu ułóż porcję ryżu, a obok połóż krewetki.
   - Posyp świeżą pietruszką i, jeśli chcesz, dodatkowo skrop sokiem z cytryny.

Tarta z mięsem mielonym i warzywami

🍴 4 porcje   🕐 60 minut

SKŁADNIKI

Na ciasto:
- 250 g mąki pszennej
- 125 g masła
- 1 jajko
- 1 łyżka zimnej wody
- Szczypta soli

Na farsz:
- 500 g mięsa mielonego (np. wołowego lub wieprzowego)
- 1 cebula
- 1 marchewka
- 1 czerwona papryka
- 1 mała cukinia
- 2 ząbki czosnku
- 1 łyżka oleju
- 1 łyżeczka przyprawy do mięsa mielonego (opcjonalnie)
- Sól i pieprz do smaku
- 2 jajka
- 200 ml śmietany 18%
- 100 g sera żółtego (np. mozzarella lub cheddar), starty
- 1 łyżeczka ziół prowansalskich (opcjonalnie)

PRZYGOTOWANIE

1. Przygotowanie ciasta:
   - Mąkę przesiać do miski, dodać sól i pokrojone w kostkę zimne masło. Rozetrzeć palcami, aż powstanie kruszonka.
   - Dodać jajko i 1 łyżkę zimnej wody, a następnie zagnieść ciasto. Jeśli ciasto jest zbyt suche, można dodać odrobinę wody.
   - Uformować kulę, owinąć ją folią spożywczą i wstawić do lodówki na co najmniej 30 minut.

2. Przygotowanie farszu:
   - Cebulę i czosnek posiekaj drobno, a marchewkę, paprykę i cukinię zetrzyj na tarce o dużych oczkach.
   - Na patelni rozgrzej olej i podsmaż cebulę oraz czosnek, aż staną się szklistą. Dodaj mięso mielone i smaż przez około 7-10 minut, aż będzie dobrze usmażone i lekko zarumienione.
   - Dodaj startą marchewkę, paprykę oraz cukinię i smaż przez kolejne 5 minut, aż warzywa zmiękną. Dopraw do smaku solą, pieprzem i przyprawą do mięsa mielonego. Odstaw na chwilę do ostudzenia.

3. Składanie tarty:
   - Piekarnik rozgrzej do 180°C (góra-dół).
   - Ciasto wyjmij z lodówki i rozwałkuj na okrągły placek, tak aby pasował do formy do tarty (o średnicy około 24 cm). Wylep dno i boki formy ciastem, a następnie nakłuj je widelcem.
   - Na ciasto wyłóż równomiernie przygotowany farsz.
   - W misce wymieszaj jajka, śmietanę, starty ser i zioła prowansalskie. Wylej tę mieszankę na farsz w tacie.

4. Pieczenie:
   - Wstaw tartę do piekarnika i piecz przez około 35-40 minut, aż wierzch się zarumieni, a masa jajeczna zetnie.

Wątróbka drobiowa w sosie cebulowym

🍴 4 porcje   🕐 30 minut

SKŁADNIKI

- 500 g wątróbki drobiowej
- 2 duże cebule
- 2 łyżki masła
- 1 łyżka oliwy z oliwek
- 1 ząbek czosnku
- 200 ml bulionu drobiowego (lub woda z kostką rosołową)
- 100 ml śmietany 18%
- 1 łyżeczka majeranku
- Sól i pieprz do smaku
- 1 łyżka mąki pszennej (opcjonalnie)
- 1 łyżeczka cukru (opcjonalnie)
- Natka pietruszki do dekoracji (opcjonalnie)

PRZYGOTOWANIE

1. Przygotowanie wątróbki:
   - Wątróbkę drobiową umyj, osusz papierowym ręcznikiem i oczyść z błon. Następnie pokrój na mniejsze kawałki (około 3-4 cm).
   - Jeśli chcesz, możesz obtoczyć wątróbkę w mące, aby sos miał lepszą konsystencję, ale to jest opcjonalne.

2. Smażenie wątróbki:
   - Na dużej patelni rozgrzej masło i oliwę. Dodaj wątróbkę i smaż ją przez 2-3 minuty z każdej strony, aż będzie zarumieniona, ale nie przesmażona. Wątróbka powinna pozostać miękka w środku.
   - Po usmażeniu przełóż wątróbkę na talerz i odstaw na chwilę.

3. Przygotowanie sosu cebulowego:
   - Na tej samej patelni, na której smażyła się wątróbka, dodaj cebulę pokrojoną w cienkie piórka. Smaż na średnim ogniu przez 5-7 minut, aż cebula stanie się miękka i lekko złocista.
   - Dodaj przeciśnięty przez praskę czosnek i smaż jeszcze przez 1 minutę.

4. Duszenie:
   - Wlej bulion drobiowy na patelnię i dodaj śmietanę. Dopraw solą, pieprzem oraz majerankiem. Jeśli chcesz, możesz dodać szczyptę cukru, aby cebula nabrała słodszego smaku.
   - Doprowadź do lekkiego wrzenia, a następnie zmniejsz ogień i gotuj przez 5 minut, aż sos lekko zgęstnieje.

5. Połączenie wątróbki z sosem:
   - Do sosu dodaj usmażoną wątróbkę i dokładnie wymieszaj. Duś przez kolejne 3-5 minut, aż wątróbka wchłonie smaki sosu i będzie dobrze podgrzana.

6. Podanie:
   - Wątróbkę podawaj gorącą, udekorowaną świeżą natką pietruszki. Doskonale smakuje z ziemniakami, kaszą gryczaną lub pieczywem.

94

Chili con carne

🍴 4-6 porcji 🕐 45 minut

SKŁADNIKI

- 500 g mielonego mięsa wołowego
- 1 cebula
- 2 ząbki czosnku
- 1 czerwona papryka
- 1 zielona papryka
- 1 puszka (400 g) pomidorów krojonych
- 1 puszka (400 g) czerwonej fasoli
- 1 puszka (400 g) kukurydzy
- 1 łyżka koncentratu pomidorowego
- 1 łyżeczka kuminu (kmin rzymski)
- 1 łyżeczka papryki wędzonej
- 1 łyżeczka chili w proszku (lub do smaku)
- 1/2 łyżeczki oregano
- Sól i pieprz do smaku
- 2 łyżki oleju roślinnego
- 100 ml wody (opcjonalnie)
- Świeża kolendra (do dekoracji)
- Kwaśna śmietana (opcjonalnie, do podania)
- Tortille lub ryż (do podania)

PRZYGOTOWANIE

1. Przygotowanie składników:
   - Cebulę i czosnek obierz i drobno posiekaj.
   - Papryki umyj, usuń gniazda nasienne i pokrój w kostkę.
   - Otwórz puszki z fasolą, kukurydzą i pomidorami. Fasolę i kukurydzę odcedź, pomidory zostaw w puszce z sokiem.
2. Smażenie mięsa:
   - W dużym garnku lub głębokiej patelni rozgrzej olej. Dodaj mielone mięso i smaż na średnim ogniu, aż się zarumieni i nie będzie surowe. Używaj łyżki do rozdrabniania mięsa podczas smażenia.
3. Dodanie warzyw:
   - Do mięsa dodaj cebulę i czosnek. Smaż przez 3-4 minuty, aż cebula stanie się miękka i lekko szklista.
   - Następnie dodaj pokrojone papryki i smaż przez kolejne 3-4 minuty, aż lekko zmiękną.
4. Dodanie przypraw:
   - Do mieszanki dodaj wszystkie przyprawy: kumin, wędzoną paprykę, chili w proszku, oregano, sól i pieprz. Wymieszaj wszystko dobrze, aby przyprawy równomiernie pokryły składniki.
5. Gotowanie:
   - Wlej pomidory z puszki oraz koncentrat pomidorowy. Dodaj fasolę i kukurydzę. Jeśli zupa jest zbyt gęsta, dodaj 100 ml wody lub bulionu.
   - Doprowadź całość do wrzenia, a następnie zmniejsz ogień. Gotuj pod przykryciem przez około 20-30 minut, aż smaki się połączą, a całość zgęstnieje. Co jakiś czas mieszaj.
6. Podanie:
   - Podawaj gorące chili con carne w miseczkach. Możesz ozdobić danie świeżą kolendrą i dodać łyżkę kwaśnej śmietany.
   - Doskonale smakuje z ryżem, tortillami lub nachos.

Smażony dorsz z frytkami

🍴 4 porcje   🕐 30 minut

SKŁADNIKI

- 4 filety z dorsza (około 150–200 g każdy)
- 500 g ziemniaków (na frytki)
- 1 szklanka mąki pszennej
- 1 jajko
- 1 szklanka wody gazowanej (lub piwa, dla lepszego efektu)
- Sól i pieprz do smaku
- 1 łyżeczka papryki słodkiej
- Olej roślinny do smażenia
- Cytryna (do podania)
- Świeża natka pietruszki (do dekoracji)

PRZYGOTOWANIE

1. Przygotowanie frytek:
   - Ziemniaki obierz i pokrój w paski o grubości około 1 cm (możesz je również pokroić w kształt frytek).
   - W dużym garnku zagotuj wodę, a następnie wrzuć ziemniaki na około 4-5 minut. Zmniejsz ogień i gotuj przez kilka minut, aby frytki były lekko wstępnie ugotowane. Odcedź je i osusz dokładnie ręcznikiem papierowym.
   - Na patelni rozgrzej olej (około 2-3 cm głębokości) i smaż frytki na złoty kolor przez około 4-6 minut. W trakcie smażenia obracaj je delikatnie, aby równomiernie się zarumieniły. Odstaw na talerz wyłożony ręcznikiem papierowym, aby odsączyć nadmiar tłuszczu.
2. Przygotowanie dorsza:
   - Filety dorsza opłucz pod zimną wodą i dokładnie osusz ręcznikiem papierowym.
   - Dopraw filety solą, pieprzem oraz papryką słodką z obu stron.
3. Przygotowanie panierki:
   - W misce wymieszaj mąkę, sól i pieprz. W osobnej misce roztrzep jajko z wodą gazowaną (lub piwem), aby powstała lekka masa.
   - Zanurz każdy filet w cieście jajecznym, a następnie obtocz w mące, tak by cała powierzchnia ryby była pokryta.
4. Smażenie dorsza:
   - Na patelni rozgrzej olej na średnim ogniu (około 2-3 cm głębokości). Smaż dorsza na złoto przez 4-5 minut z każdej strony, aż panierka stanie się chrupiąca, a ryba będzie dobrze usmażona.
5. Podanie:
   - Na talerzu ułóż smażone filety dorsza obok frytek.
   - Podawaj z plasterkami cytryny i posyp świeżą natką pietruszki.
   - Opcjonalnie, możesz dodać sos tatarski lub majonez do maczania.

Schab w sosie śmietanowo-musztardowym z kopytkami

🍴 4 porcje　　🕐 40 minut

SKŁADNIKI

- 4 plastry schabu
- 1 łyżka oleju
- 1 cebula, drobno posiekana
- 200 ml śmietany 30%
- 2 łyżki musztardy (najlepiej dijon)
- 1 łyżka mąki
- Sól, pieprz, tymianek i majeranek do smaku
- 500 g ziemniaków
- 200 g mąki pszennej
- 1 jajko
- Sól do smaku

PRZYGOTOWANIE

1. Schab w sosie śmietanowo-musztardowym:
   - Plastry schabu rozbij delikatnie tłuczkiem. Dopraw solą, pieprzem i odrobiną tymianku.
   - Na patelni rozgrzej olej i smaż plastry schabu na złoty kolor z obu stron. Wyjmij mięso i odstaw na chwilę.
   - Na tej samej patelni zeszklij cebulę. Dodaj mąkę, mieszaj, aż zacznie się rumienić, a następnie wlej śmietanę i musztardę.
   - Dopraw solą, pieprzem i majerankiem. Gotuj sos przez kilka minut, aż zgęstnieje.
   - Włóż schab do sosu, gotuj przez kilka minut, aż mięso będzie dobrze połączone z sosem.
2. Kopytka:
   - Ziemniaki ugotuj w osolonej wodzie, a następnie przeciśnij przez praskę. Wymieszaj z mąką, jajkiem i szczyptą soli.
   - Wyrób ciasto i formuj kopytka. Gotuj je w osolonej wodzie przez kilka minut, aż wypłyną na powierzchnię.

Przepisy
Wypieki
i Desery

Szarlotka z kruszonką

🍴 8-10 porcji 🕐 75 minut

SKŁADNIKI

Na ciasto:

- 300 g mąki pszennej
- 150 g masła (schłodzonego)
- 100 g cukru pudru
- 1 jajko
- 1 łyżeczka proszku do pieczenia
- Szczypta soli
- 2-3 łyżki zimnej wody (w razie potrzeby)

Na nadzienie jabłkowe:

- 1,5 kg jabłek (najlepiej kwaśne, np. antonówki)
- 3 łyżki cukru
- 1 łyżeczka cynamonu
- 1 łyżka soku z cytryny
- 1 łyżka bułki tartej (do posypania spodu)

Na kruszonkę:

- 100 g masła
- 100 g mąki pszennej
- 100 g cukru pudru

PRZYGOTOWANIE

1. Ciasto:
   - W misce wymieszaj mąkę, cukier puder, proszek do pieczenia i sól.
   - Dodaj pokrojone w kostkę, schłodzone masło i siekaj składniki nożem, aż powstaną drobne okruchy.
   - Dodaj jajko i ewentualnie wodę, a następnie szybko zagnieć ciasto. Jeśli ciasto jest zbyt suche, dodaj odrobinę wody.
   - Uformuj kulę z ciasta, owiń folią spożywczą i wstaw do lodówki na około 30 minut.

2. Nadzienie jabłkowe:
   - Jabłka obierz, usuń gniazda nasienne i pokrój w cienkie plasterki lub kostkę.
   - Wymieszaj jabłka z cukrem, cynamonem i sokiem z cytryny.

3. Kruszonka:
   - Masło, mąkę i cukier umieść w misce i palcami zagnieć składniki, aż powstaną małe grudki.

4. Składanie szarlotki:
   - Schłodzone ciasto wyjmij z lodówki i rozwałkuj na grubość około 0,5 cm.
   - Wyłóż nim dno formy (najlepiej o średnicy 24 cm), a boki delikatnie zagnieć, tworząc rant.
   - Posyp spód bułką tartą, a następnie wyłóż przygotowane jabłka.
   - Na wierzch równomiernie rozsyp kruszonkę.

5. Pieczenie:
   - Piecz szarlotkę w nagrzanym piekarniku do 180°C (termoobieg) przez 45-50 minut, aż ciasto stanie się złociste, a kruszonka chrupiąca.
   - Po upieczeniu odstaw do wystudzenia.

99

Makowiec

🍴 10 porcji 🕐 2 godziny

SKŁADNIKI

Na ciasto:

- 500 g mąki pszennej
- 200 ml ciepłego mleka
- 100 g masła
- 100 g cukru
- 3 jajka
- 25 g świeżych drożdży (lub 7 g drożdży instant)
- 1 łyżeczka cukru waniliowego
- Szczypta soli
- 1 łyżka spirytusu (lub octu, dla lepszego wyrastania)

PRZYGOTOWANIE

1. Ciasto:
   - W ciepłym mleku rozpuść cukier i świeże drożdże (jeśli używasz drożdży instant, dodaj je później do mąki).
   - Odstaw na kilka minut, aż drożdże zaczną pracować.
   - Do dużej miski przesiej mąkę, dodaj cukier waniliowy, szczyptę soli, jajka, masło oraz zaczyn drożdżowy (mieszankę mleka, drożdży i cukru).
   - Zagnieć ciasto, aż będzie gładkie i elastyczne. Jeśli jest za suche, dodaj odrobinę ciepłej wody, jeśli za mokre, dosyp trochę mąki.
   - Uformuj kulę, przykryj ściereczką i odstaw w ciepłe miejsce na około 1 godzinę, aż podwoi objętość.

2. Masa makowa:
   - Mak zalej wrzątkiem i pozostaw na 10 minut, a potem dokładnie odcedź i zmiel (jeśli nie masz już mielonego maku).
   - W garnku podgrzej miód, cukier i rum (jeśli używasz), a następnie dodaj mak, rodzynki, orzechy, cynamon, sok z cytryny i ekstrakt waniliowy.
   - Wymieszaj dokładnie wszystkie składniki i podgrzewaj na małym ogniu przez 5 minut. Odstaw do wystudzenia.

Na masę makową:

- 300 g maku (najlepiej mielonego)
- 100 g cukru
- 100 g miodu
- 100 g rodzynek
- 50 g orzechów włoskich (opcjonalnie)
- 1 łyżeczka ekstraktu z wanilii
- 1 łyżeczka cynamonu
- 1 łyżka soku z cytryny
- 2 łyżki rumu (opcjonalnie)
- 1 białko (do posmarowania ciasta)

4. Formowanie makowca:

- Wyrośnięte ciasto wyjmij na blat posypany mąką i rozwałkuj na prostokąt o grubości około 1 cm.
- Na rozwałkowane ciasto równomiernie rozłóż masę makową, zostawiając mały margines z każdej strony.
- Zwiń ciasto w roladę, zaczynając od dłuższego boku, a następnie delikatnie zlep brzegi.
- Uformuj makowiec i przełóż go do formy wyłożonej papierem do pieczenia lub posmarowanej tłuszczem.
- Odstaw na około 30 minut do wyrośnięcia.

5. Pieczenie:

- W międzyczasie rozgrzej piekarnik do 180°C (termoobieg).
- Przed wstawieniem do piekarnika, posmaruj makowiec białkiem, aby ładnie się zarumienił.
- Piecz makowiec przez 40-45 minut, aż będzie złocisty. Jeśli podczas pieczenia ciasto zacznie zbyt szybko brązowieć, przykryj je folią aluminiową.
- Po upieczeniu wyjmij makowiec z piekarnika i pozostaw do wystudzenia.

Sernik na zimno

🍴 10 porcji 🕐 5 godzin

SKŁADNIKI

Spód:

- 200 g herbatników (najlepiej pełnoziarnistych lub kakaowych)
- 100 g masła

Masa serowa:

- 500 g twarogu sernikowego (najlepiej mielonego, dobrze odsączonego)
- 300 ml śmietany kremówki 30%
- 100 g cukru pudru
- 1 łyżeczka ekstraktu z wanilii
- 10 g żelatyny
- 100 ml wody
- 100 g jogurtu naturalnego (opcjonalnie dla lepszej konsystencji)

PRZYGOTOWANIE

1. Spód:
   - Herbatniki połóż w torebce strunowej i za pomocą wałka pokrusz je na drobne okruszki. Możesz też wykorzystać blender.
   - Roztop masło w rondelku lub mikrofalówce, a następnie wymieszaj z pokruszonymi herbatnikami.
   - Formę (ok. 24 cm średnicy) wyłóż papierem do pieczenia lub posmaruj masłem, a następnie równomiernie wyłóż przygotowaną masą herbatnikową.
   - Wstaw do lodówki na około 30 minut, aby spód stwardniał.

2. Masa serowa:
   - Żelatynę namocz w 100 ml zimnej wody i odstaw na 10 minut.
   - W międzyczasie w misce zmiksuj twaróg z cukrem pudrem i ekstraktem waniliowym, aż uzyskasz gładką masę.
   - W osobnym naczyniu ubij śmietanę kremówkę na sztywno, a następnie delikatnie połącz ją z masą serową.
   - W małym rondelku podgrzej namoczoną żelatynę, aż całkowicie się rozpuści (nie gotuj!). Następnie odstaw do lekkiego przestudzenia.
   - Stopniowo wlewaj przestudzoną żelatynę do masy serowej, cały czas mieszając, aby dobrze się połączyła.

Warstwa owocowa (opcjonalna):

- 200 g ulubionych owoców (np. truskawki, jagody, maliny, brzoskwinie)
- 2 łyżki cukru
- 1 łyżeczka żelatyny

3. Wykonanie sernika:
   - Przygotowaną masę serową wylej na schłodzony spód herbatnikowy i wyrównaj powierzchnię.
   - Wstaw sernik do lodówki na co najmniej 4 godziny, a najlepiej na całą noc, aby masa dobrze stężała.
4. Warstwa owocowa (opcjonalna):
   - Owoce umyj i pokrój na mniejsze kawałki (jeśli używasz dużych owoców).
   - W rondelku podgrzej owoce z cukrem, aż puszczą sok. Jeśli chcesz, aby masa była gęstsza, dodaj do niej 1 łyżeczkę rozpuszczonej żelatyny.
   - Po przestudzeniu owocową masę wyłóż na wierzch stężonego sernika.
   - Wstaw do lodówki na dodatkowe 30 minut, aby owoce stężały.

Faworki

🍴 10 porcji   🕐 60 minut

SKŁADNIKI

- 500 g mąki pszennej
- 5 jajek
- 2 łyżki śmietany 18%
- 50 g masła
- 2 łyżki cukru
- 1 łyżeczka soli
- 1 łyżeczka spirytusu
  (opcjonalnie, dzięki temu
  faworki będą bardziej
  chrupiące)
- 250 ml oleju do smażenia
- Cukier puder do posypania

PRZYGOTOWANIE

1. Przygotowanie ciasta:
   - Do miski przesiej mąkę, dodaj cukier, sól, jajka, śmietanę, spirytus i rozpuszczone masło.
   - Zagnieć ciasto, aż będzie gładkie i elastyczne (możesz dodać trochę mąki, jeśli ciasto będzie zbyt kleiste).
   - Następnie odstaw ciasto na około 30 minut, przykryte ściereczką, aby odpoczęło.

2. Wałkowanie ciasta:
   - Ciasto podziel na 2 części, a każdą z nich rozwałkuj na bardzo cienki placek, jak najcieńszy, aby faworki były chrupiące.
   - Z rozwałkowanego ciasta wykrawaj paski o szerokości około 2-3 cm i długości około 10-12 cm.
   - Na środku każdego paska zrób nacięcie, przez które przełóż jeden koniec ciasta, formując faworka.

3. Smażenie faworków:
   - W dużym garnku lub patelni rozgrzej olej do temperatury 180°C.
   - Smaż faworki partiami, aż staną się złociste i chrupiące (trwa to około 2-3 minut z każdej strony).
   - Wyjmij je z oleju i odsącz na papierowym ręczniku, aby pozbyć się nadmiaru tłuszczu.

4. Podanie:
   - Przełóż faworki na talerz, a następnie oprósz je cukrem pudrem.

Babka Wielkanocna

🍴 10 porcji   🕐 75 minut

SKŁADNIKI

- 500 g mąki pszennej
- 250 g masła
- 200 g cukru
- 4 jajka
- 1 szklanka mleka
- 2 łyżeczki proszku do pieczenia
- 1 łyżeczka cukru wanilinowego
- 1 łyżka skórki otartej z cytryny
- 1 łyżka soku z cytryny
- 100 g rodzynek (opcjonalnie)
- 100 g kandyzowanej skórki pomarańczowej (opcjonalnie)
- 1/4 szklanki rumu lub wódki (opcjonalnie)
- Cukier puder do posypania
- Masło i mąka do wysmarowania formy

PRZYGOTOWANIE

1. Przygotowanie formy:
   - Natrzyj masłem formę do babki (najlepiej o średnicy 24-26 cm) i oprósz ją mąką, aby ciasto nie przywarło do formy.

2. Przygotowanie ciasta:
   - W misce utrzyj masło z cukrem na puszystą masę.
   - Dodawaj po jednym jajku, dobrze mieszając po każdym dodaniu.
   - W osobnej misce wymieszaj mąkę, proszek do pieczenia i cukier wanilinowy. Stopniowo dodawaj suche składniki do masy maślanej, na przemian z mlekiem, cały czas mieszając, aż powstanie jednolite ciasto.
   - Dodaj skórkę i sok z cytryny, a także, jeśli chcesz, rodzynki, skórkę pomarańczową oraz rum (lub wódkę).
   - Mieszaj, aż wszystkie składniki dobrze się połączą.

3. Pieczenie:
   - Wlej ciasto do przygotowanej formy i wyrównaj wierzch.
   - Piecz w piekarniku nagrzanym do 170°C (termoobieg 160°C) przez około 50-60 minut, aż ciasto stanie się złociste, a patyczek wbity w środek ciasta wyjdzie suchy.
   - Po upieczeniu, wyjmij babkę z piekarnika i pozostaw w formie na około 10 minut, a następnie wyjmij ją z formy i ostudź na kratce.

4. Dekorowanie:
   - Przed podaniem oprósz babkę cukrem pudrem.

Piernik Staropolski

🍴 20-25
pierników

🕐 35 minut
12 godzin
odpoczynek
ciasta

SKŁADNIKI

- 500 g mąki pszennej
- 200 g miodu
- 200 g cukru
- 100 g masła
- 2 jajka
- 2 łyżeczki przyprawy do piernika
- 1 łyżeczka sody oczyszczonej
- 1 łyżeczka cynamonu
- 1/2 łyżeczki imbiru mielonego
- 1/2 łyżeczki goździków mielonych
- 100 g kandyzowanej skórki pomarańczowej
- 100 g orzechów włoskich (posiekanych)
- 100 g rodzynek
- 50 ml mleka
- Cukier puder do dekoracji (opcjonalnie)

PRZYGOTOWANIE

1. Przygotowanie masy piernikowej:
   - W garnku podgrzej miód, cukier i masło, mieszając, aż składniki się połączą i rozpuszczą. Pozwól masie lekko przestygnąć.
2. Mieszanie składników:
   - Do dużej miski przesiej mąkę, sodę oczyszczoną, przyprawę do piernika, cynamon, imbir i goździki. Dokładnie wymieszaj.
   - Wbij jajka do przestudzonej mieszanki miodowej i dodaj ją do suchych składników. Wymieszaj wszystko na gładką masę.
   - Dodaj kandyzowaną skórkę pomarańczową, orzechy oraz rodzynki i dokładnie wymieszaj.
3. Odpoczynek ciasta:
   - Zawiń ciasto w folię spożywczą i włóż do lodówki na minimum 12 godzin (najlepiej na całą noc). Dzięki temu ciasto będzie bardziej elastyczne, a piernik uzyska lepszy smak.
4. Pieczenie:
   - Po schłodzeniu ciasta, nagrzej piekarnik do 180°C (160°C termoobieg).
   - Wyjmij ciasto z lodówki i rozwałkuj na grubość około 0,5 cm. Następnie wytnij pierniczki za pomocą foremek w różnych kształtach.
   - Ułóż je na blasze wyłożonej papierem do pieczenia, zostawiając odstępy między nimi.
   - Piecz przez około 10-12 minut, aż pierniki staną się złociste na brzegach. Pamiętaj, że pierniki będą twardniały po ostudzeniu.
5. Dekorowanie:
   - Po upieczeniu, pozwól piernikom całkowicie ostygnąć.
   - Możesz je ozdobić lukrem, czekoladą lub posypać cukrem pudrem.

Kremówka Papieska

🍴 8-10 porcji 🕐 55 minut

SKŁADNIKI

- 1 opakowanie ciasta francuskiego (ok. 275 g)
- 500 ml śmietany kremówki 30%
- 1 szklanka mleka
- 1 opakowanie budyniu waniliowego (bez cukru)
- 4 łyżki cukru
- 1 łyżeczka cukru wanilinowego
- 2 łyżki masła
- 2 łyżki cukru pudru (do posypania)

PRZYGOTOWANIE

1. Przygotowanie ciasta:
   - Ciasto francuskie rozwałkuj na prostokąt i ułóż na blasze wyłożonej papierem do pieczenia. Następnie nakłuj ciasto widelcem, aby nie urosło zbyt mocno w trakcie pieczenia.
   - Piecz ciasto w temperaturze 200°C przez około 15-20 minut, aż będzie złociste i chrupiące. Po upieczeniu pozostaw do ostudzenia.

2. Przygotowanie kremu:
   - W garnku podgrzej mleko razem z cukrem i cukrem wanilinowym. W misce rozmieszaj proszek budyniowy z 2 łyżkami mleka, a następnie wlej go do gorącego mleka, cały czas mieszając. Gotuj na małym ogniu, aż krem zgęstnieje. Zdejmij z ognia i dodaj masło. Wymieszaj do uzyskania gładkiej konsystencji. Odstaw krem do wystudzenia.

3. Bita śmietana:
   - W osobnej misce ubij śmietanę kremówkę na sztywno. Gdy będzie dobrze ubita, wymieszaj ją delikatnie z wystudzonym kremem budyniowym.

4. Składanie kremówki:
   - Przekrój ostudzone ciasto francuskie na dwa równe prostokąty. Na jeden kawałek ciasta nałóż przygotowany krem budyniowy z bitą śmietaną.
   - Przykryj drugim kawałkiem ciasta. Lekko dociskając, aby krem się wyrównał.

5. Dekorowanie:
   - Posyp wierzch kremówki cukrem pudrem. Dla dekoracji możesz także dodać dodatkowo odrobinę wiórków czekoladowych lub kakao.

Pączki z nadzieniem różanym

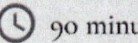

🍴 12 pączków 🕐 90 minut

SKŁADNIKI

Ciasto:

- 500 g mąki pszennej
- 250 ml mleka
- 80 g masła
- 100 g cukru
- 2 jajka
- 2 żółtka
- 25 g drożdży świeżych
- 1 łyżeczka cukru wanilinowego
- 1/2 łyżeczki soli
- 50 ml rumu lub spirytusu
- skórka starta z 1 cytryny
- szczypta soli

Nadzienie różane:

- 200 g konfitury różanej (najlepiej o gładkiej konsystencji, bez kawałków owoców)

Do smażenia:

- Olej rzepakowy (lub inny tłuszcz do głębokiego smażenia)

Do posypania:

- Cukier puder

PRZYGOTOWANIE

1. Przygotowanie zaczynu:
   - W misce wymieszaj 100 ml ciepłego mleka z drożdżami i 1 łyżką cukru. Odstaw na 10 minut, aż drożdże zaczną pracować i zaczną się pienić.
2. Ciasto:
   - W dużej misce wymieszaj mąkę, sól, cukier wanilinowy oraz skórkę z cytryny. Dodaj zaczyn drożdżowy, jajka, żółtka oraz pozostałe mleko i rum. Wyrabiaj ciasto, aż stanie się gładkie i elastyczne (około 10 minut).
   - Dodaj stopione masło i wyrabiaj jeszcze przez kilka minut, aż ciasto stanie się miękkie i nie będzie kleić się do rąk.
   - Przykryj miskę ściereczką i odstaw ciasto do wyrośnięcia na około 1 godzinę lub aż podwoi swoją objętość.
3. Formowanie pączków:
   - Po wyrośnięciu, ciasto wyjmij na stolnicę oprószoną mąką. Rozwałkuj je na grubość około 1 cm.
   - Za pomocą szklanki lub foremki wycinaj kółka o średnicy około 6-8 cm.
   - Na środek każdego kółka nakładaj łyżeczkę konfitury różanej. Następnie sklej brzegi, formując kulki (pączki), dokładnie zlepiając ciasto, aby nadzienie nie wypłynęło.
4. Smażenie:
   - W głębokim rondlu lub frytkownicy rozgrzej olej do temperatury około 175°C.
   - Smaż pączki partiami, obracając je, aż będą złociste z każdej strony (około 3-4 minut na stronę).
   - Wyjmij pączki i osusz je na papierowym ręczniku.
5. Dekorowanie:
   - Ciepłe pączki opróż cukrem pudrem.

Drożdżówki z jagodami

🍴 10 drożdżówek   🕐 100 minut

SKŁADNIKI

Ciasto:

- 500 g mąki pszennej
- 250 ml mleka
- 80 g masła
- 100 g cukru
- 25 g drożdży świeżych
- 1 jajko
- 2 żółtka
- 1/2 łyżeczki soli
- 1 łyżeczka cukru wanilinowego
- skórka starta z 1 cytryny
- 1 łyżka spirytusu lub rumu (opcjonalnie)

PRZYGOTOWANIE

1. Przygotowanie zaczynu:
   - W misce wymieszaj 100 ml ciepłego mleka z drożdżami i 1 łyżką cukru. Odstaw na 10 minut, aż drożdże zaczną pracować i zaczną się pienić.

2. Ciasto:
   - W dużej misce wymieszaj mąkę, sól, cukier wanilinowy i skórkę z cytryny.
   - Dodaj zaczyn drożdżowy, jajko, żółtka oraz pozostałe mleko. Wyrabiaj ciasto, aż stanie się gładkie i elastyczne (około 10 minut).
   - Dodaj stopione masło i wyrabiaj przez kilka minut, aż ciasto będzie miękkie i sprężyste.
   - Przykryj miskę ściereczką i odstaw ciasto do wyrośnięcia na około 1 godzinę, aż podwoi swoją objętość.

3. Nadzienie:
   - Jagody wymieszaj z cukrem i, jeśli chcesz, dodaj łyżkę mąki ziemniaczanej (aby nadzienie się nie rozlało). Odstaw na chwilę, aż sok się trochę wymiesza z cukrem.

Nadzienie:

- 300 g świeżych jagód (lub mrożonych, dobrze odsączonych)
- 2 łyżki cukru
- 1 łyżka mąki ziemniaczanej (opcjonalnie, do zagęszczenia nadzienia)

Do posmarowania:

- 1 jajko (do posmarowania ciasta przed pieczeniem)

4.Formowanie drożdżówek:

- Wyrośnięte ciasto wyjmij na stolnicę oprószoną mąką. Podziel je na 10-12 równych części.
- Z każdej części uformuj kulkę, a następnie rozwałkuj na okrągły placek (około 10 cm średnicy).
- Na środku każdego placka umieść łyżkę nadzienia jagodowego.
- Złóż brzegi ciasta ku środkowi, formując małe drożdżówki. Upewnij się, że brzegi są dobrze zlepione, aby nadzienie nie wypłynęło podczas pieczenia.

5.Pieczenie:

- Przełóż drożdżówki na blachę wyłożoną papierem do pieczenia.
- Posmaruj każdą drożdżówkę roztrzepanym jajkiem, aby uzyskały ładny, złocisty kolor podczas pieczenia.
- Piecz w nagrzanym piekarniku do 180°C przez około 15-20 minut, aż drożdżówki będą złociste i dobrze wypieczone.

6.Podanie:

- Po upieczeniu, drożdżówki odstaw na kratkę do ostygnięcia. Możesz je oprószyć cukrem pudrem przed podaniem.

Ciasto marchewkowe

🍴 10 porcji   🕐 70 minut

SKŁADNIKI

Ciasto:

- 3 średniej wielkości marchewki (około 300 g)
- 200 g mąki pszennej
- 200 g cukru
- 4 jajka
- 150 ml oleju roślinnego
- 1 łyżeczka proszku do pieczenia
- 1 łyżeczka sody oczyszczonej
- 1 łyżeczka cynamonu mielonego
- 1/2 łyżeczki gałki muszkatołowej
- 1/4 łyżeczki soli
- 1 łyżeczka ekstraktu z wanilii
- 50 g orzechów włoskich (opcjonalnie, posiekanych)

PRZYGOTOWANIE

1. Przygotowanie ciasta:
   - Marchewki obierz i zetrzyj na tarce o drobnych oczkach.
   - W dużej misce ubij jajka z cukrem, aż masa stanie się puszysta i jasna.
   - Dodaj olej i ekstrakt z wanilii, a następnie dokładnie wymieszaj.
   - W osobnej misce połącz mąkę, proszek do pieczenia, sodę, cynamon, gałkę muszkatołową i sól.
   - Stopniowo dodawaj suche składniki do mokrej mieszanki, mieszając delikatnie, aż powstanie gładka masa.
   - Dodaj startą marchewkę i orzechy włoskie (jeśli używasz). Wymieszaj wszystko dokładnie.

2. Pieczenie ciasta:
   - Przelej ciasto do formy o średnicy 22 cm (wysmarowanej masłem i oprószonej mąką).
   - Piecz w nagrzanym piekarniku do 180°C przez około 45-50 minut, aż patyczek wbity w środek ciasta będzie suchy.
   - Po upieczeniu, pozostaw ciasto do całkowitego ostygnięcia w formie.

Krem:

- 200 g serka śmietankowego (np. Philadelphia)
- 100 g masła (w temperaturze pokojowej)
- 200 g cukru pudru
- 1 łyżeczka ekstraktu z wanilii
- 1 łyżka mleka (opcjonalnie, do rozrzedzenia kremu)

3.Przygotowanie kremu:

- W misce ubij masło z cukrem pudrem na puszystą masę.
- Dodaj serek śmietankowy i ekstrakt z wanilii, a następnie miksuj, aż krem będzie gładki i jednorodny. Jeśli krem jest zbyt gęsty, dodaj mleko, aby uzyskać odpowiednią konsystencję.

4.Składanie ciasta:

- Gdy ciasto wystygnie, przekrój je na dwie części.
- Na pierwszą część ciasta nałóż połowę kremu, a następnie przykryj drugą częścią ciasta.
- Resztą kremu udekoruj wierzch ciasta, rozsmarowując równomiernie.

5.Podanie:

- Ciasto marchewkowe najlepiej smakuje po kilku godzinach od przygotowania, kiedy krem się schłodzi, a smaki się przegryzą.

Ciasto miodowe

🍴 10 porcji   🕐 70 minut

SKŁADNIKI

Ciasto:

- 300 g mąki pszennej
- 100 g masła (w temperaturze pokojowej)
- 200 g miodu (najlepiej płynnego)
- 150 g cukru
- 4 jajka
- 1 łyżeczka sody oczyszczonej
- 1 łyżeczka cynamonu
- 1/2 łyżeczki imbiru mielonego
- szczypta soli
- 1 łyżeczka ekstraktu z wanilii

Krem (opcjonalnie):

- 200 g serka mascarpone
- 200 ml śmietany kremówki (30%)
- 2 łyżki cukru pudru
- 1 łyżeczka ekstraktu z wanilii

PRZYGOTOWANIE

1. Przygotowanie ciasta:
   - W misce ubij masło z cukrem na puszystą masę.
   - Dodaj jajka, jedno po drugim, ubijając dokładnie po każdym.
   - Do masy dodaj miód oraz ekstrakt z wanilii, wymieszaj dokładnie.
   - W osobnej misce połącz mąkę, sodę oczyszczoną, cynamon, imbir i szczyptę soli.
   - Stopniowo dodawaj suche składniki do mokrej mieszanki, mieszając, aż powstanie gładkie ciasto.

2. Pieczenie:
   - Przelej ciasto do formy (np. tortownicy o średnicy 22 cm), wysmarowanej masłem i oprószonej mąką.
   - Piecz w nagrzanym piekarniku do 180°C przez około 40-45 minut, aż ciasto stanie się złociste i patyczek wbity w środek ciasta wyjdzie suchy.
   - Po upieczeniu, wyjmij ciasto z formy i pozostaw do wystygnięcia.

3. Przygotowanie kremu (opcjonalnie):
   - W misce ubij śmietanę kremówkę z cukrem pudrem na sztywną pianę.
   - W osobnej misce, delikatnie połącz serek mascarpone z ekstraktem z wanilii.
   - Połącz oba składniki, ubijając na gładki krem.

4. Składanie ciasta:
   - Po wystudzeniu ciasta, przekrój je na dwa blaty.
   - Na jeden z nich nałóż połowę kremu, a następnie przykryj drugim blatem ciasta.
   - Pozostałym kremem udekoruj wierzch ciasta.

5. Podanie:
   - Ciasto miodowe smakuje najlepiej po kilku godzinach, kiedy się "przegryzie". Możesz je udekorować dodatkowymi przyprawami, orzechami lub owocami, wedle własnych preferencji.

Babka cytrynowa

🍴 10 porcji   🕐 70 minut

SKŁADNIKI

Ciasto:

- 250 g mąki pszennej
- 200 g masła (w temperaturze pokojowej)
- 200 g cukru
- 4 jajka
- 1 łyżeczka proszku do pieczenia
- 1/2 łyżeczki sody oczyszczonej
- 1 łyżeczka ekstraktu z wanilii
- skórka otarta z 2 cytryn
- sok z 1 cytryny
- 100 ml mleka
- szczypta soli

Polewa cytrynowa (opcjonalnie):

- 100 g cukru pudru
- sok z 1 cytryny

PRZYGOTOWANIE

1. Przygotowanie ciasta:
   - W misce ubij masło z cukrem na puszystą masę, aż będzie jasna i kremowa.
   - Dodaj jajka, jedno po drugim, ubijając dokładnie po każdym dodaniu.
   - W osobnej misce wymieszaj mąkę, proszek do pieczenia, sodę oczyszczoną i sól.
   - Stopniowo dodawaj suche składniki do mokrej mieszanki, na przemian z mlekiem, mieszając do połączenia składników.
   - Dodaj skórkę cytrynową, sok z cytryny i ekstrakt waniliowy, dokładnie wymieszaj.

2. Pieczenie:
   - Przelej ciasto do formy na babkę (średnica ok. 22 cm), wysmarowanej masłem i oprószonej mąką.
   - Piecz w nagrzanym piekarniku do 180°C przez około 45-50 minut, aż ciasto stanie się złociste, a patyczek wbity w środek wyjdzie suchy.
   - Po upieczeniu, wyjmij babkę z formy i odstaw do wystudzenia na kratkę.

3. Przygotowanie polewy:
   - W misce wymieszaj cukier puder z sokiem cytrynowym, aż uzyskasz gładką, lejącą się polewę.

4. Podanie:
   - Wystudzoną babkę polej przygotowaną polewą cytrynową.
   - Pozwól, aby polewa stwardniała, a potem pokrój babkę na kawałki.

Kruszonka z owocami

🍴 4-6 porcji 🕐 50 minut

SKŁADNIKI

Na kruszonkę:

- 150 g mąki pszennej
- 100 g masła (zimnego, pokrojonego na kawałki)
- 50 g cukru pudru
- 1 łyżeczka cukru wanilinowego
- szczypta soli

Na owoce:

- 500 g ulubionych owoców (np. jabłka, gruszki, jagody, maliny, truskawki)
- 2 łyżki cukru (do owoców)
- sok z połowy cytryny

PRZYGOTOWANIE

1. Przygotowanie owoców:
   - Umyj i obierz owoce (np. jabłka lub gruszki), a następnie pokrój je na mniejsze kawałki.
   - W misce wymieszaj owoce z cukrem i sokiem z cytryny. Odstaw na chwilę, aby owoce puściły sok.

2. Przygotowanie kruszonki:
   - W misce połącz mąkę, cukier puder, cukier wanilinowy oraz szczyptę soli.
   - Dodaj zimne masło i posiekaj je nożem w mące, aż powstaną małe grudki (możesz też użyć palców, aby rozkruszyć masło w mące).
   - Wymieszaj wszystko, aż uzyskasz sypką kruszonkę.

3. Składanie kruszonki:
   - W naczyniu do zapiekania (np. małej formie o średnicy 20 cm) rozłóż owoce równą warstwą.
   - Na owoce równomiernie wysyp przygotowaną kruszonkę.

4. Pieczenie:
   - Piecz w nagrzanym piekarniku do 180°C przez około 30-40 minut, aż kruszonka stanie się złocista, a owoce zaczną się lekko bulgotać.

5. Podanie:
   - Podawaj na ciepło, najlepiej z kulką lodów waniliowych lub bitą śmietaną.

Tarta z owocami sezonowymi

🍴 10 porcji   🕐 90 minut

SKŁADNIKI

Na ciasto:
- 200 g mąki pszennej
- 100 g masła (zimnego, pokrojonego na kawałki)
- 50 g cukru pudru
- 1 jajko
- 1 łyżeczka cukru wanilinowego
- szczypta soli

Na nadzienie:
- 250 ml śmietany kremówki 30%
- 250 g serka mascarpone
- 2 łyżki cukru pudru
- 1 łyżeczka ekstraktu z wanilii

Na owoce:
- 300 g ulubionych owoców sezonowych (np. truskawki, maliny, jagody, borówki, kiwi, brzoskwinie, czy owoce śliwek)

PRZYGOTOWANIE

1. Przygotowanie ciasta:
   - Mąkę przesiej do miski, dodaj masło, cukier puder, szczyptę soli oraz cukier wanilinowy.
   - Wymieszaj składniki, a następnie dodaj jajko i szybko zagnieć ciasto. Jeśli jest zbyt suche, dodaj odrobinę zimnej wody.
   - Uformuj kulę z ciasta, owiń ją folią spożywczą i wstaw do lodówki na około 30 minut.

2. Formowanie tarty:
   - Po schłodzeniu ciasta, rozwałkuj je na stolnicy posypanej mąką na grubość około 3 mm.
   - Przełóż ciasto do formy na tartę o średnicy 23-26 cm, dociskając je do brzegów formy. Przekrój nadmiar ciasta, aby brzegi były równe.
   - Nakłuj ciasto widelcem w kilku miejscach, aby zapobiec jego wybrzuszaniu się podczas pieczenia.

3. Pieczenie ciasta:
   - Przykryj ciasto papierem do pieczenia, wysypując na niego kulki ceramiczne lub fasolę, aby ciasto nie wyrosło w czasie pieczenia.
   - Piecz w nagrzanym piekarniku do 180°C przez 15-20 minut, następnie zdejmij papier i piecz jeszcze przez 5-10 minut, aż ciasto stanie się złociste.

Dodatkowo:

- Cukier puder do posypania (opcjonalnie)
- Dżem owocowy lub galaretka (opcjonalnie, do posmarowania owoców)

- Wyjmij ciasto z piekarnika i odstaw do ostygnięcia.

4.Przygotowanie nadzienia:

- W misce ubij śmietanę kremówkę, aż stanie się sztywna.
- W drugiej misce wymieszaj serek mascarpone z cukrem pudrem i ekstraktem waniliowym.
- Delikatnie połącz ubitej śmietany z mascarpone, mieszając łyżką lub szpatułką, aż masa będzie jednolita i puszysta.

5.Składanie tarty:

- Na ostudzonym cieście równomiernie rozprowadź masę z mascarpone i śmietany.
- Na wierzchu ułóż owoce sezonowe, np. truskawki, maliny, jagody, borówki, czy kawałki brzoskwiń. Możesz też użyć owoców śliwek lub kiwi.

6.Podanie:

- Jeśli chcesz, możesz delikatnie posmarować owoce cienką warstwą dżemu owocowego lub galaretki, aby nadac im połysk.
- Posyp tartę cukrem pudrem przed podaniem, jeśli lubisz.

Mazurek Wielkanocny

🍴 10 porcji   🕐 90 minut

SKŁADNIKI

Na ciasto:

- 250 g mąki pszennej
- 150 g masła (zimnego)
- 100 g cukru pudru
- 2 żółtka
- 1 łyżeczka ekstraktu waniliowego
- szczypta soli

Na masę:

- 200 g kajmaku (masy krówkowej)
- 100 g orzechów włoskich (posiekanych)
- 100 g czekolady białej (do dekoracji)
- 50 g migdałów (pokrojonych lub w płatkach)
- 50 g rodzynek
- cukier puder (do posypania)

PRZYGOTOWANIE

1. Przygotowanie ciasta:
   - W misce wymieszaj mąkę, cukier puder i szczyptę soli. Dodaj masło pokrojone w kostkę i rozetrzyj je palcami, aż powstanie kruszonka.
   - Dodaj żółtka oraz ekstrakt waniliowy, a następnie szybko zagnieć ciasto, aż stanie się jednolite.
   - Uformuj kulę z ciasta, owiń ją folią spożywczą i włóż do lodówki na około 30 minut.

2. Formowanie mazurka:
   - Po schłodzeniu ciasta, rozwałkuj je na stolnicy posypanej mąką na grubość około 5 mm.
   - Wyłóż ciastem formę na mazurek (około 20x30 cm) lub prostokątną blaszkę, dociskając ciasto do brzegów formy.
   - Nakłuj ciasto widelcem w kilku miejscach, aby uniknąć wybrzuszania się podczas pieczenia.
   - Piecz w nagrzanym piekarniku do 180°C przez 20-25 minut, aż ciasto stanie się złociste. Po upieczeniu wyjmij je z piekarnika i ostudź.

3.Przygotowanie masy:

- W małym garnku podgrzej kajmak na małym ogniu, aż stanie się gładki i kremowy. Jeśli jest za gęsty, możesz dodać odrobinę wody, aby ułatwić jego rozsmarowywanie.
- Na ostudzonym cieście równomiernie rozsmaruj masę kajmakową.
- Posyp mazurek posiekanymi orzechami włoskimi, migdałami i rodzynkami.

4.Dekoracja:

- Czekoladę białą rozpuść w kąpieli wodnej lub w mikrofalówce. Przełóż do małego woreczka cukierniczego lub strzykawki i udekoruj wierzch mazurka w dowolny sposób (np. tworząc wzory lub linie).
- Możesz także posypać mazurek cukrem pudrem do dekoracji przed podaniem.

Lody Domowej Roboty

🍴 6-8 porcji   🕐 4 godziny

SKŁADNIKI

- 500 ml śmietany kremówki 30% lub 36%
- 200 ml mleka
- 150 g cukru
- 1 łyżeczka ekstraktu waniliowego
- 3 żółtka
- 1 łyżka cukru pudru (opcjonalnie do dekoracji)
- Dodatki według uznania: owoce, orzechy, czekolada, sos karmelowy lub czekoladowy

PRZYGOTOWANIE

1. Przygotowanie bazy lodowej:
   - W rondelku podgrzej mleko i 100 g cukru na średnim ogniu, aż cukier się rozpuści, ale nie doprowadzaj do wrzenia.
   - W osobnej misce ubij żółtka z pozostałymi 50 g cukru, aż masa stanie się gładka i jasna.
   - Powoli wlewaj ciepłe mleko do ubitych żółtek, ciągle mieszając, aby uniknąć ścięcia jajek.
   - Przelej całość z powrotem do rondla i podgrzewaj na małym ogniu, cały czas mieszając, aż masa zgęstnieje. Nie dopuszczaj do zagotowania, aby nie zrobiły się grudki.
   - Zdejmij z ognia i przestudź do temperatury pokojowej.

2. Przygotowanie śmietany:
   - W osobnej misce ubij śmietanę kremówkę na sztywną pianę. Możesz dodać 1 łyżkę cukru pudru, aby wzmocnić jej smak, ale nie jest to konieczne.

3. Połączenie masy:
   - Gdy masa mleczno-jajeczna ostygnie, delikatnie połącz ją ze śmietaną, mieszając łagodnie szpatułką lub łyżką, aby składniki się połączyły, ale śmietana nie opadła.

4. Chłodzenie:
   - Gotową masę na lody przełóż do pojemnika i wstaw do zamrażarki. Co 30-60 minut, przez pierwsze 3 godziny, mieszaj masę widelcem, aby zapobiec powstawaniu kryształków lodu. Jeśli masz maszynkę do lodów, możesz ją użyć, postępując zgodnie z instrukcjami producenta.

5. Serwowanie:
   - Po kilku godzinach, gdy lody będą dobrze zamrożone, podawaj je w miseczkach lub na waflowych rożkach.
   - Dodatkowo możesz udekorować je owocami, polewą czekoladową, orzechami lub cukrem pudrem.

Ciasto Biszkoptowe z Owocami

🍴 10 porcji   🕐 60 minut

SKŁADNIKI

Na biszkopt:

- 4 jajka
- 120 g cukru
- 120 g mąki pszennej
- 1 łyżeczka proszku do pieczenia
- 1 łyżeczka ekstraktu waniliowego
- 1 szczypta soli

Na owoce:

- 300 g ulubionych owoców sezonowych (np. truskawki, maliny, jagody, wiśnie, brzoskwinie)

Do posypania:

- Cukier puder (opcjonalnie)

PRZYGOTOWANIE

1. Przygotowanie biszkoptu:
   - Rozgrzej piekarnik do 180°C (grzanie góra-dół). Formę do ciasta o średnicy 24 cm wyłóż papierem do pieczenia lub posmaruj tłuszczem.
   - Oddziel białka od żółtek. Białka ubij ze szczyptą soli na sztywną pianę.
   - W osobnej misce utrzyj żółtka z cukrem i ekstraktem waniliowym, aż masa stanie się puszysta i jasna.
   - Do ubitej masy z żółtkami dodawaj stopniowo przesianą mąkę wymieszaną z proszkiem do pieczenia, delikatnie mieszając.
   - Na koniec dodaj pianę z białek i delikatnie wymieszaj całość szpatułką, aby nie opadły.
   - Wylej ciasto do przygotowanej formy i piecz przez 20-25 minut, aż wierzch ciasta stanie się złocisty i suche patyczek wbity w środek ciasta wyjdzie czysty.
   - Po upieczeniu, wystudź biszkopt na kratce.
2. Przygotowanie owoców:
   - Owoce dokładnie umyj i osusz. Jeśli są większe (np. truskawki), pokrój je na mniejsze kawałki.
   - Jeśli używasz owoców kwaśniejszych, jak porzeczki czy wiśnie, możesz je delikatnie posypać cukrem, by puściły sok i nabrały słodyczy.
3. Złożenie ciasta:
   - Przestudzony biszkopt przekrój na dwa równe blaty, jeśli chcesz zrobić ciasto warstwowe. Na dolnej warstwie ułóż owoce w równomiernej warstwie, lekko dociskając.
   - Przykryj drugą częścią biszkoptu, a na wierzchu ułóż resztę owoców.
   - Opcjonalnie, ciasto można posypać cukrem pudrem lub udekorować bitą śmietaną, jeśli lubisz.
4. Serwowanie:
   - Ciasto możesz podać od razu lub schłodzić.

Świąteczny Piernik z Lukrem

🍴 14 porcji   🕐 2 godziny

SKŁADNIKI

Na ciasto piernikowe:

- 500 g mąki pszennej
- 200 g miodu
- 100 g cukru
- 150 g masła
- 2 jajka
- 2 łyżeczki przyprawy piernikowej
- 1 łyżeczka proszku do pieczenia
- 1/2 łyżeczki cynamonu
- 1/4 łyżeczki goździków mielonych
- 1/4 łyżeczki imbiru mielonego
- 100 ml mleka
- 1 łyżeczka sody oczyszczonej
- Szczypta soli

Na lukier:

- 100 g cukru pudru
- 1 łyżka wody
- 1 łyżeczka soku z cytryny

PRZYGOTOWANIE

1. Przygotowanie ciasta:
   - W dużej misce wymieszaj mąkę, przyprawy (piernikową, cynamon, goździki, imbir), proszek do pieczenia oraz sól.
   - W osobnym garnku podgrzej miód, cukier i masło na małym ogniu, aż masło się rozpuści, a cukier się rozpuści, tworząc gładką masę.
   - Zdejmij garnuszek z ognia i dodaj mleko oraz jajka, a następnie dokładnie wymieszaj.
   - Wlej mokre składniki do suchych składników i zagnieć ciasto. Jeśli masa będzie zbyt lepiąca, dodaj trochę mąki. Ciasto powinno być elastyczne i lekko lepkie.
   - Owiń ciasto folią spożywczą i wstaw do lodówki na minimum godzinę (możesz też zostawić na całą noc, aby piernik był bardziej aromatyczny).
2. Pieczenie piernika:
   - Rozgrzej piekarnik do 180°C (grzanie góra-dół). Przygotuj blaszkę o wymiarach około 25x30 cm i wyłóż ją papierem do pieczenia.
   - Wyjmij ciasto z lodówki i rozwałkuj je na grubość około 0,5 cm na oprószonej mąką powierzchni.

- Wytnij z ciasta pierniczki lub, jeśli wolisz, uformuj cały jeden piernik.
- Piecz przez 20-30 minut (w zależności od grubości ciasta) aż do momentu, kiedy ciasto stanie się złociste, a patyczek wbity
- w środek wyjdzie suchy.
- Po upieczeniu, wystudź piernik na kratce.

3.Przygotowanie lukru:

- Cukier puder wymieszaj z wodą i sokiem z cytryny, aż powstanie gładki lukier. Jeśli jest za gęsty, dodaj odrobinę więcej wody.
- Lukier przełóż do woreczka strunowego lub rękawa cukierniczego i ozdób piernik według własnych upodobań.

4.Dekorowanie:

- Gdy piernik całkowicie wystygnie, ozdób go lukrem w wybrane wzory: możesz rysować gwiazdy, choinki, serca lub tradycyjne świąteczne motywy. Lukrem możesz także polukrować pojedyncze kawałki piernika.

5.Serwowanie:

- Piernik najlepiej smakuje po kilku godzinach, gdy lukier dobrze zastygnie, ale równie pyszny jest od razu po przygotowaniu.

Deser Kawowy z Mascarpone

🍴 4-6 porcji   🕐 2 godziny

SKŁADNIKI

- 250 g serka mascarpone
- 200 ml śmietany kremówki 30%
- 3 łyżki cukru pudru
- 1 łyżeczka ekstraktu waniliowego
- 1 łyżka kawy rozpuszczalnej
- 3 łyżki gorącej wody
- 150 g biszkoptów (najlepiej podłużnych)
- 50 ml likieru kawowego (opcjonalnie)
- Kakao lub wiórki czekoladowe do dekoracji

PRZYGOTOWANIE

1. Przygotowanie kremu kawowego:
   - Rozpuszczamy kawę rozpuszczalną w gorącej wodzie, mieszamy, a następnie odstawiamy do ostygnięcia.
   - W misce miksujemy serek mascarpone, śmietanę kremówkę, cukier puder oraz ekstrakt waniliowy na gładki krem. Upewnij się, że masa jest gęsta i sztywna, ale nie za sztywna, aby była łatwa do nakładania.
2. Układanie warstw:
   - Jeśli używasz likieru kawowego, nasącz nim biszkopty (możesz też użyć samej kawy). Jeśli chcesz, by deser był bardziej wyrazisty, likier kawowy doda głębi smaku.
   - Na dnie szklanek lub pucharków układaj nasączone biszkopty.
   - Następnie nałóż warstwę kremu kawowego z mascarpone.
   - Powtarzaj te warstwy, aż wypełnisz naczynie.
3. Dekorowanie:
   - Wierzch deseru posyp kakao lub wiórkami czekoladowymi. Możesz także ozdobić deser drobnymi kawałkami czekolady lub kawą w ziarnach.
4. Chłodzenie:
   - Odstaw deser do lodówki na minimum 2 godziny, a najlepiej na całą noc, aby smaki się połączyły, a deser stwardniał.
5. Serwowanie:
   - Przed podaniem możesz ponownie posypać deser kakao lub czekoladą. Smakuje najlepiej schłodzony.

Deser czekoladowy z wiśniami

🍴 4 porcje   🕐 80 minut

SKŁADNIKI

- 200 g gorzkiej czekolady
- 250 ml śmietany kremówki 30%
- 2 łyżki cukru pudru
- 1 łyżeczka ekstraktu waniliowego
- 200 g wiśni (mogą być świeże lub mrożone)
- 1 łyżka cukru
- 50 ml likieru wiśniowego (opcjonalnie)
- Posypka czekoladowa lub wiórki czekoladowe do dekoracji

PRZYGOTOWANIE

1. Przygotowanie masy czekoladowej:
   - Czekoladę łamiemy na kawałki i roztapiamy w kąpieli wodnej (czyli wkładamy czekoladę do miski, którą umieszczamy nad garnkiem z gotującą się wodą, tak aby miska nie dotykała wody). Kiedy czekolada się roztopi, odstawiamy ją do ostygnięcia.
   - W osobnej misce ubijamy śmietanę kremówkę z cukrem pudrem i ekstraktem waniliowym na sztywną pianę.
   - Do ubitej śmietany delikatnie dodajemy roztopioną czekoladę i mieszamy do połączenia składników.
2. Przygotowanie wiśni:
   - Wiśnie umieszczamy w garnku i zasypujemy cukrem. Podgrzewamy je na średnim ogniu, aż puszczą sok. Jeśli chcesz, dodaj likier wiśniowy, aby dodać głębi smaku.
   - Gotujemy przez kilka minut, aż wiśnie zmiękną, a syrop lekko się zagęści. Odstawiamy do ostygnięcia.
3. Składanie deseru:
   - W pucharkach lub szklankach na dno nakładamy łyżkę wiśni z syropem.
   - Następnie wykładamy warstwę czekoladowej masy, a na nią znowu wiśnie. Powtarzamy te warstwy, aż do wyczerpania składników.
4. Dekorowanie:
   - Na wierzchu deseru możemy posypać posypką czekoladową, wiórkami czekolady lub dodatkową porcją świeżych wiśni.
5. Chłodzenie:
   - Deser odstawiamy do lodówki na minimum godzinę, aby smaki się połączyły i deser stężał.

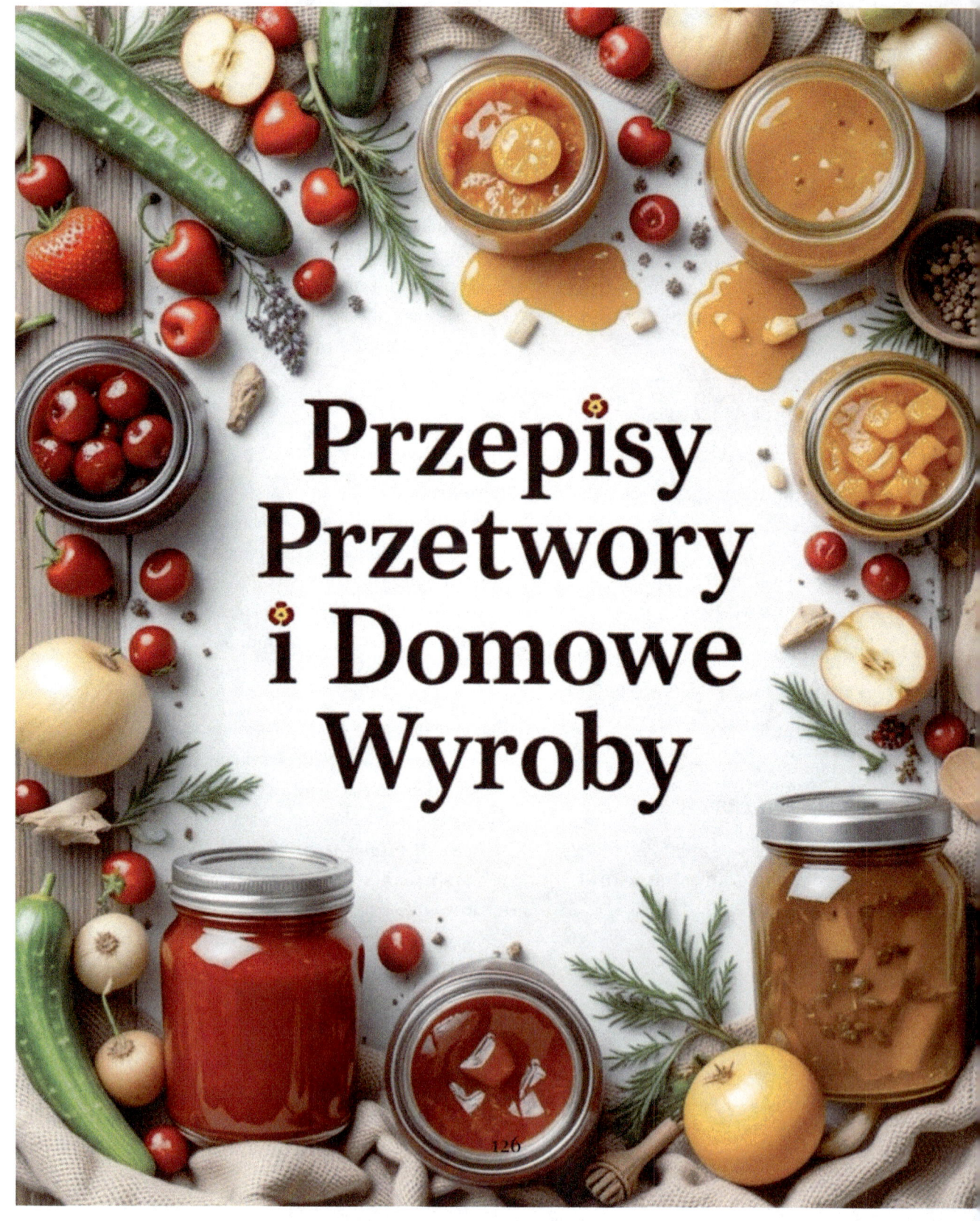

Przepisy Przetwory i Domowe Wyroby

Dżem truskawkowy

🍴 4-5 słoików 🕐 50 minut

SKŁADNIKI

- 1 kg truskawek
- 500 g cukru
- 1 łyżeczka kwasu cytrynowego (opcjonalnie)
- 1 łyżka soku z cytryny

PRZYGOTOWANIE

1. Truskawki umyj dokładnie, usuń szypułki i pokrój owoce na mniejsze kawałki.
2. Umieść truskawki w dużym garnku, dodaj cukier i sok z cytryny a następnie wymieszaj.
3. Pozwól owocom i cukrowi macerować się przez około 30 minut, aby truskawki puściły sok.
4. Po tym czasie wstaw garnek na średni ogień. Gotuj dżem przez około 30-40 minut, regularnie mieszając, aby zapobiec przypaleniu. Jeśli dżem zaczyna się pienić, zbieraj pianę.
5. Po około 30 minutach gotowania, sprawdź konsystencję dżemu. Wylej łyżkę dżemu na talerzyk i schłódź przez chwilę. Jeśli dżem stężał, to jest gotowy. Jeśli nie, gotuj dłużej.
6. Na koniec dodaj 1 łyżeczkę kwasu cytrynowego, co pomoże w konserwowaniu dżemu.
7. Gorący dżem przelej do wyparzonych słoików. Zakręć je szczelnie i postaw do góry dnem na około 15 minut, aby dżem dobrze się zamknął.
8. Po ostudzeniu przechowuj w chłodnym i ciemnym miejscu.

Konfitura z malin

🍴 4-5 słoików 🕐 60 minut

SKŁADNIKI

- 1 kg malin
- 500 g cukru
- 1 łyżka soku z cytryny
- 1 łyżeczka kwasu cytrynowego (opcjonalnie)

PRZYGOTOWANIE

1. Maliny dokładnie umyj, delikatnie osusz na sicie. Jeśli maliny są zbyt duże, możesz je lekko rozdrobnić widelcem.
2. Włóż maliny do dużego garnka, dodaj cukier oraz sok z cytryny i delikatnie wymieszaj.
3. Pozwól malinom i cukrowi macerować się przez około 30 minut, aż owoce puszczą sok.
4. Następnie wstaw garnek na średni ogień. Gotuj konfiturę przez około 40-50 minut, regularnie mieszając. W razie potrzeby zdejmuj pianę, która pojawia się na powierzchni.
5. Po tym czasie sprawdź konsystencję konfitury – wylej łyżkę konfitury na talerzyk i po chwili sprawdź, czy zgęstniała. Jeśli jest za rzadka, gotuj jeszcze przez kilka minut.
6. Jeśli chcesz, aby konfitura była bardziej trwała, dodaj 1 łyżeczkę kwasu cytrynowego, który zwiększa kwasowość.
7. Gorącą konfiturę przelej do wyparzonych słoików, zakręć je szczelnie i postaw na 15 minut do góry dnem, aby się zapasteryzowały.
8. Po ostudzeniu przechowuj w chłodnym, ciemnym miejscu.

Mus jabłkowy z cynamonem

🍴 4-5 słoików 🕐 50 minut

SKŁADNIKI

- 1,5 kg jabłek (najlepiej kwaśnych, np. antonówka)
- 200 g cukru (można dostosować w zależności od słodyczy jabłek)
- 1 łyżeczka cynamonu
- sok z 1 cytryny

PRZYGOTOWANIE

1. Jabłka obierz, usuń gniazda nasienne, a następnie pokrój na mniejsze kawałki.
2. Włóż pokrojone jabłka do dużego garnka, dodaj cukier, cynamon oraz sok z cytryny.
3. Gotuj jabłka na średnim ogniu przez około 30-40 minut, aż staną się miękkie i łatwo się rozpadną.
4. Od czasu do czasu mieszaj, aby zapobiec przypaleniu się muszu.
5. Gdy jabłka będą już miękkie, zmiksuj całość na gładki mus za pomocą blendera ręcznego lub przetrzyj przez sito, jeśli wolisz bardziej gładką konsystencję.
6. Jeśli chcesz, aby mus był bardziej płynny, dodaj odrobinę wody i gotuj jeszcze przez kilka minut.
7. Gorący mus przelej do wyparzonych słoików i szczelnie zakręć. Postaw słoiki do góry dnem na 15 minut, aby się zapasteryzowały.
8. Po ostudzeniu przechowuj w chłodnym, ciemnym miejscu.

Sok pomidorowy

🍴 4-5 słoików 🕐 45 minut

SKŁADNIKI

- 2 kg dojrzałych pomidorów
- 1 łyżka soli
- 1 łyżeczka cukru
- 1 łyżeczka pieprzu (opcjonalnie)
- 1 łyżka soku z cytryny (opcjonalnie)
- 2 liście laurowe
- 4 ziarenka ziela angielskiego

PRZYGOTOWANIE

1. Pomidory umyj, usuń szypułki, a następnie pokrój na ćwiartki.
2. Włóż pokrojone pomidory do dużego garnka i gotuj przez około 10 minut na średnim ogniu, aż pomidory staną się miękkie.
3. Po tym czasie zmiksuj pomidory za pomocą blendera lub przetrzyj przez sito, aby uzyskać gładki sok.
4. Wlej sok do garnka, dodaj sól, cukier, pieprz, liście laurowe oraz ziele angielskie. Gotuj przez kolejne 20 minut na małym ogniu, mieszając od czasu do czasu.
5. Jeśli chcesz, dodaj sok z cytryny dla lepszego smaku i kwasowości.
6. Sok przelej do wyparzonych słoików lub butelek. Jeśli chcesz go zapasteryzować, pasteryzuj przez około 15 minut w gotującej się wodzie.
7. Po ostudzeniu przechowuj w chłodnym, ciemnym miejscu.

Ogórki kiszone

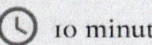 Słoik 2 litry 🕐 10 minut

SKŁADNIKI

- 1 kg małych ogórków gruntowych
- 4-5 ząbków czosnku
- 1 łyżka soli kamiennej (na 1 litr wody)
- 1 litr wody
- 2-3 gałązki koperku
- 1-2 liście laurowe
- 1 łyżeczka ziarenek gorczycy (opcjonalnie)
- 2-3 ziarenka ziela angielskiego (opcjonalnie)
- 1 łyżka cukru (opcjonalnie)

Czas kiszenia: 3-5 dni

PRZYGOTOWANIE

1. Ogórki dokładnie umyj i osusz. Odkrój końcówki ogórków.
2. Przygotuj słoiki lub duży słoik, w którym będziesz kisić ogórki. Na dno słoika włóż gałązki koperku, liście laurowe, czosnek (możesz go lekko zgnieść), ziarenka gorczycy i ziele angielskie, jeśli używasz.
3. Ułóż ogórki w słoiku, układając je ciasno, aby nie było wolnych przestrzeni. W międzyczasie, przekładaj je koperkiem, czosnkiem i przyprawami.
4. W międzyczasie przygotuj zalewę: w garnku zagotuj wodę i rozpuść w niej sól (i cukier, jeśli chcesz, żeby ogórki były delikatnie słodsze).
5. Gorącą zalewą zalej ogórki w słoiku, tak aby całkowicie je przykryła. Jeśli ogórki wypływają na powierzchnię, możesz dodać obciążenie (np. talerzyk, który utrzyma ogórki pod powierzchnią).
6. Zamknij słoik i pozostaw w ciepłym miejscu na około 3-5 dni, aby ogórki się ukisiły. Po tym czasie ogórki powinny być gotowe do jedzenia.
7. Jeśli chcesz, przechowuj ogórki w chłodnym miejscu (np. w piwnicy lub lodówce).

Pikle z warzyw

🍴 2-3 słoiki 🕐 25 minut

SKŁADNIKI

- 1 kg marchewki
- 1 kg kalafiora
- 1 papryka czerwona
- 1 ogórek gruntowy
- 2 cebule
- 4 ząbki czosnku
- 2-3 liście laurowe
- 10 ziaren ziela angielskiego
- 10 ziaren pieprzu czarnego
- 1 łyżeczka gorczycy
- 1 litr wody
- 100 ml octu 10%
- 2 łyżki soli kamiennej
- 2 łyżki cukru

PRZYGOTOWANIE

1. Warzywa dokładnie umyj i obierz. Marchewkę pokrój w plasterki, kalafior podziel na małe różyczki, paprykę i ogórka pokrój w paski, a cebulę w piórka.
2. Czosnek obierz i pokrój na cienkie plasterki.
3. W dużym garnku zagotuj wodę, dodaj sól, cukier, ocet, liście laurowe, ziele angielskie, pieprz oraz gorczycę. Gotuj przez kilka minut, aż sól i cukier się rozpuszczą, a zalewa nabierze intensywnego smaku.
4. Przygotowane warzywa układaj warstwami w wyparzonych słoikach. Wkładaj je ciasno, na przemian z czosnkiem i przyprawami.
5. Gorącą zalewą zalej warzywa, tak aby były całkowicie przykryte. Słoiki zakręć szczelnie.
6. Słoiki ustaw w garnku, zagotuj wodę i pasteryzuj przez około 10 minut, aby słoiki były szczelnie zamknięte.
7. Po pasteryzacji odstaw słoiki do ostygnięcia. Pikle najlepiej smakują po kilku dniach, gdy wszystkie smaki się przegryzą.

Sałatka warzywna na zimę

🍴 4-5 słoików 🕐 40 minut

SKŁADNIKI

- 1 kg marchewki
- 1 kg kalafiora
- 1 kg papryki czerwonej
- 500 g ogórków gruntowych
- 500 g cebuli
- 500 g zielonego groszku (mrożony)
- 3-4 ząbki czosnku
- 1,5 litra wody
- 200 ml octu 10%
- 150 g cukru
- 3 łyżki soli kamiennej
- 1 łyżeczka pieprzu mielonego
- 1 łyżeczka gorczycy
- 1 łyżeczka kurkumy
- 2-3 liście laurowe
- 10 ziaren ziela angielskiego

PRZYGOTOWANIE

1. Warzywa dokładnie umyj i obierz. Marchewkę pokrój w plasterki, paprykę w paski, cebulę w piórka, ogórki w plastry, a kalafior podziel na małe różyczki.
2. Czosnek obierz i drobno posiekaj.
3. W dużym garnku zagotuj wodę, dodaj cukier, sól, ocet, pieprz, gorczycę, kurkumę, ziele angielskie, liście laurowe oraz czosnek. Gotuj przez kilka minut, aż cukier i sól się rozpuszczą, a zalewa nabierze intensywnego smaku.
4. W międzyczasie warzywa umieść w dużej misce lub dużym garnku. Dodaj do nich zielony groszek.
5. Gorącą zalewą zalej przygotowane warzywa, dokładnie mieszając, aby wszystkie były pokryte zalewą.
6. Przeciśnij warzywa do wyparzonych słoików, pozostawiając około 2 cm przestrzeni od góry słoika. Upewnij się, że warzywa dobrze się układają, aby nie pozostały puste przestrzenie.
7. Słoiki zakręć szczelnie i pasteryzuj w garnku z gorącą wodą przez około 15-20 minut.
8. Po pasteryzacji wyjmij słoiki, odstaw do ostygnięcia i przechowuj w ciemnym, chłodnym miejscu.

Ketchup domowy

🍴 4-5 słoików   🕐 75 minut

SKŁADNIKI

- 2 kg pomidorów
- 1 cebula
- 3 ząbki czosnku
- 100 ml octu jabłkowego
- 100 g cukru
- 1 łyżeczka soli
- 1 łyżeczka pieprzu mielonego
- 1 łyżeczka suszonego oregano
- 1 łyżeczka papryki słodkiej
- 1/2 łyżeczki chili (opcjonalnie)
- 1/2 szklanki wody

PRZYGOTOWANIE

1. Pomidory umyj, naciąć na krzyż i zalej wrzątkiem. Pozostaw na 2-3 minuty, po czym obierz ze skóry. Pokrój pomidory na kawałki.
2. Cebulę i czosnek obierz i drobno posiekaj.
3. W dużym garnku na średnim ogniu podsmaż cebulę i czosnek przez kilka minut, aż staną się miękkie.
4. Do garnka dodaj pokrojone pomidory oraz wodę, gotuj na małym ogniu przez około 40-50 minut, aż pomidory się rozpadną i zmiękną.
5. Następnie przetrzyj masę przez sito lub zmiksuj blenderem, aby pozbyć się skórek i pestek.
6. Do przecieru pomidorowego dodaj ocet, cukier, sól, pieprz, oregano, paprykę słodką oraz chili. Całość gotuj na małym ogniu przez kolejne 20-30 minut, aż ketchup zgęstnieje.
7. Gotowy ketchup przelej do wyparzonych słoików, zakręć i pasteryzuj przez około 10-15 minut.
8. Po pasteryzacji odstaw do ostygnięcia, a ketchup przechowuj w chłodnym i ciemnym miejscu.

Dżem morelowy

🍴 4-5 słoików 🕐 75 minut

SKŁADNIKI

- 1,5 kg dojrzałych moreli
- 700 g cukru
- Sok z 1 cytryny
- 1 łyżeczka żelatyny (opcjonalnie, w zależności od konsystencji)

PRZYGOTOWANIE

1. Morele umyj, przekrój na pół i usuń pestki. Następnie pokrój owoce na małe kawałki.
2. Włóż pokrojone morele do dużego garnka, dodaj cukier i sok z cytryny. Całość dokładnie wymieszaj.
3. Gotuj na małym ogniu przez około 45-60 minut, mieszając od czasu do czasu, aż owoce się rozpadną i masa zgęstnieje.
4. Jeśli chcesz, aby dżem miał bardziej gładką konsystencję, możesz go zmiksować ręcznym blenderem.
5. W razie potrzeby dodaj łyżeczkę żelatyny, aby uzyskać bardziej zwartą konsystencję. Jeśli używasz żelatyny, pamiętaj, aby wcześniej ją rozpuścić w odrobinie wody zgodnie z instrukcją na opakowaniu.
6. Gotowy dżem przelej do wyparzonych słoików, zakręć je i pasteryzuj przez 10-15 minut we wrzącej wodzie.
7. Po pasteryzacji odstaw słoiki do góry dnem, a po ostygnięciu przechowuj w chłodnym, ciemnym miejscu.

Sos bolognese na zimę

🍴 4-5 słoików 🕐 2 godziny

SKŁADNIKI

- 1 kg mielonego mięsa wołowego
- 1 cebula
- 2 ząbki czosnku
- 2 marchewki
- 1 seler korzeniowy (opcjonalnie)
- 2 puszki (po 400 g) krojonych pomidorów
- 100 ml czerwonego wina (opcjonalnie)
- 2 łyżki koncentratu pomidorowego
- 2 łyżki oliwy z oliwek
- 1 łyżeczka suszonego oregano
- 1 łyżeczka suszonego bazylii
- Sól i pieprz do smaku
- 2 łyżeczki cukru
- 1-2 liście laurowe
- 1 łyżeczka wędzonej papryki (opcjonalnie)
- Świeża bazylia do dekoracji (opcjonalnie)

PRZYGOTOWANIE

1. Cebulę, czosnek, marchewki i selera obierz, a następnie drobno posiekaj.
2. W dużym garnku rozgrzej oliwę z oliwek, a następnie dodaj cebulę i czosnek. Smaż na średnim ogniu, aż staną się miękkie i lekko szkliste.
3. Dodaj mielone mięso i smaż, aż się ładnie zarumieni. W trakcie smażenia mieszaj, aby mięso równomiernie się usmażyło.
4. Dodaj posiekane marchewki i selera, smaż przez kolejne 5 minut.
5. Wlej wino (opcjonalnie) i gotuj przez chwilę, aż większość płynów odparuje.
6. Dodaj krojone pomidory, koncentrat pomidorowy, oregano, bazylię, liście laurowe oraz cukier. Dopraw solą, pieprzem i wędzoną papryką (jeśli używasz).
7. Gotuj sos na małym ogniu przez 1-1,5 godziny, mieszając od czasu do czasu, aż sos zgęstnieje i nabierze intensywnego smaku.
8. W międzyczasie przygotuj słoiki: wyparz je wrzątkiem i pozostaw do wyschnięcia.
9. Gorący sos przelej do wyparzonych słoików, zakręć je mocno i pasteryzuj przez 20-30 minut w gotującej się wodzie (poziom wody powinien być wyższy niż poziom sosu w słoikach).
10. Po pasteryzacji odstaw słoiki do góry dnem, a po wystudzeniu przechowuj w chłodnym, ciemnym miejscu.

Chutney z mango

🍴 3-4 słoiki   🕐 75 minut

SKŁADNIKI

- 2 dojrzałe mango
- 1 cebula
- 1 ząbek czosnku
- 1 czerwona papryka
- 100 g cukru brązowego
- 100 ml octu jabłkowego
- 1 łyżeczka świeżego imbiru, startego
- 1 łyżeczka kurkumy
- 1/2 łyżeczki cynamonu
- 1/2 łyżeczki chili w proszku (opcjonalnie, w zależności od preferencji ostrości)
- 1 łyżka soli
- 1 łyżka oleju roślinnego

PRZYGOTOWANIE

1. Mango obierz, usuń pestkę i pokrój na drobną kostkę.
2. Cebulę i czosnek obierz, a następnie drobno posiekaj.
3. Paprykę umyj, usuń nasiona i pokrój w kostkę.
4. W dużym garnku rozgrzej olej i dodaj cebulę oraz czosnek. Smaż je na średnim ogniu, aż będą miękkie i lekko szkliste.
5. Dodaj paprykę, starty imbir, kurkumę, cynamon i chili (jeśli używasz). Smaż przez kolejne 2-3 minuty, mieszając od czasu do czasu.
6. Dodaj pokrojone mango, cukier, ocet jabłkowy i sól. Wymieszaj całość i gotuj na małym ogniu przez około 45-60 minut, aż chutney zgęstnieje, a owoce staną się miękkie.
7. W trakcie gotowania, mieszaj chutney od czasu do czasu, aby zapobiec przypaleniu.
8. Gotowy chutney przelej do wyparzonych słoików, zakręć je mocno i pasteryzuj przez 20 minut w gotującej się wodzie.
9. Po pasteryzacji odstaw słoiki do góry dnem i pozostaw do wystudzenia. Przechowuj w chłodnym, ciemnym miejscu.

Pasta pomidorowa

🍴 3-4 słoiki   🕐 55 minut

SKŁADNIKI

- 1 kg pomidorów
- 1 cebula
- 2 ząbki czosnku
- 2 łyżki oliwy z oliwek
- 1 łyżeczka cukru
- 1 łyżeczka soli
- 1/2 łyżeczki świeżo mielonego czarnego pieprzu
- 1 łyżeczka suszonego oregano
- 1 łyżeczka bazylii
- 1 łyżka koncentratu pomidorowego (opcjonalnie)
- 2 łyżki octu balsamicznego (opcjonalnie)

PRZYGOTOWANIE

1. Pomidory umyj, naciąć je krzyżowo na górze i zanurz przez chwilę we wrzątku, aby łatwiej było je obrać ze skóry. Następnie pokrój je na małe kawałki.
2. Cebulę i czosnek obierz i drobno posiekaj.
3. W dużym garnku rozgrzej oliwę z oliwek. Dodaj cebulę i czosnek, smaż na średnim ogniu, aż staną się miękkie i lekko złociste.
4. Dodaj pokrojone pomidory, cukier, sól, pieprz oraz suszone zioła (oregano i bazylię). Wymieszaj dokładnie.
5. Gotuj na małym ogniu przez 30-40 minut, aż pomidory się rozpadną,
6. a sos zgęstnieje. Jeśli chcesz, aby pasta była bardziej intensywna, dodaj łyżkę koncentratu pomidorowego.
7. Na koniec, jeżeli chcesz, dodaj łyżkę octu balsamicznego, aby nadać paście lekko kwaśny posmak.
8. Po ugotowaniu, jeśli chcesz uzyskać gładką konsystencję, możesz zmiksować pastę ręcznym blenderem lub przetrzeć ją przez sito.
9. Gorącą pastę przelej do wyparzonych słoików, zakręć i pasteryzuj przez 20 minut.

Miód pitny

🍴 5 litrów   🕐 60 minut

SKŁADNIKI

- 1 litr miodu naturalnego
- 4 litry wody
- 5 g drożdży winiarskich
- 2 g pożywki dla drożdży
- Opcjonalnie: goździki, cynamon, imbir, skórka cytrynowa (do aromatyzowania)

Czas fermentacji: 4-6 tygodni

Czas dojrzewania: minimum 6 miesięcy

PRZYGOTOWANIE

1. W dużym garnku podgrzej wodę, ale nie doprowadzaj jej do wrzenia.
2. Dodaj miód i mieszaj, aż całkowicie się rozpuści. Powstałą mieszankę, czyli brzeczkę, gotuj na małym ogniu przez 15 minut, zbierając z powierzchni powstającą pianę.
3. Jeśli chcesz nadać miodowi dodatkowy aromat, dodaj przyprawy (goździki, cynamon, imbir) i gotuj jeszcze przez kilka minut.
4. Ostudź brzeczkę do temperatury około 25°C i przelej do balonu fermentacyjnego lub dużego szklanego naczynia.
5. Dodaj wcześniej przygotowane drożdże winiarskie oraz pożywkę dla drożdży. Zamieszaj i zamknij balon korkiem z rurką fermentacyjną.
6. Pozostaw w ciepłym, ciemnym miejscu na około 4-6 tygodni, aż fermentacja ustanie.
7. Po zakończeniu fermentacji zlej miód znad osadu do czystego naczynia i odstaw na kolejne kilka miesięcy do dojrzewania.
8. Po upływie około 6 miesięcy miód można rozlać do butelek
9. i pozostawić do dalszego leżakowania. Im dłużej dojrzewa, tym lepszy smak uzyska.

Marynowane grzyby

🍴 3-4 słoiki   🕐 40 minut

SKŁADNIKI

- 1 kg świeżych grzybów (borowiki, podgrzybki, kurki lub mieszane)
- 1 litr wody
- 1 łyżka soli

Zalewa:

- 500 ml wody
- 250 ml octu 10%
- 3 łyżki cukru
- 1 łyżeczka soli
- 5 ziaren ziela angielskiego
- 3 liście laurowe
- 1 łyżeczka gorczycy
- 5 ziaren pieprzu czarnego
- 1 cebula (opcjonalnie, pokrojona w piórka)

PRZYGOTOWANIE

1. Oczyść grzyby, dokładnie je umyj i większe sztuki przekrój na mniejsze części.
2. Zagotuj 1 litr wody z 1 łyżką soli i wrzuć grzyby. Gotuj przez około 10 minut, następnie odcedź i przepłucz zimną wodą.
3. W osobnym garnku przygotuj zalewę: zagotuj wodę z octem, cukrem, solą oraz przyprawami.
4. Do czystych, wyparzonych słoików włóż podgotowane grzyby, a jeśli chcesz, dodaj pokrojoną cebulę.
5. Zalej gorącą zalewą, zostawiając około 1 cm wolnej przestrzeni od brzegu słoika.
6. Zakręć słoiki i pasteryzuj je w garnku z gorącą wodą przez 15 minut.
7. Po wystygnięciu przechowuj w chłodnym, ciemnym miejscu. Po około 2 tygodniach marynowane grzyby będą gotowe do spożycia.

Papryka konserwowa

🍴 5-6 słoików 🕐 40 minut

SKŁADNIKI

- 2 kg czerwonej papryki
- 1 litr wody
- 500 ml octu 10%
- 3 łyżki cukru
- 1 łyżka soli
- 5 ziaren ziela angielskiego
- 3 liście laurowe
- 1 łyżeczka gorczycy
- 5 ziaren pieprzu czarnego
- 3 ząbki czosnku (pokrojone w plasterki)

PRZYGOTOWANIE

1. Umyj paprykę, usuń gniazda nasienne i pokrój ją na paski lub ćwiartki.
2. W dużym garnku zagotuj wodę i na chwilę wrzuć paprykę, aby ją lekko zblanszować (około 2 minut). Następnie odcedź i odstaw.
3. W osobnym garnku zagotuj wodę z octem, cukrem, solą oraz przyprawami.
4. Do czystych, wyparzonych słoików włóż plasterki czosnku oraz przyprawy, a następnie ułóż kawałki papryki.
5. Zalej gorącą zalewą, zostawiając około 1 cm wolnej przestrzeni od brzegu słoika.
6. Zakręć słoiki i pasteryzuj je w garnku z gorącą wodą przez 15 minut.
7. Po ostygnięciu przechowuj w chłodnym, ciemnym miejscu. Papryka konserwowa jest najlepsza po kilku tygodniach.

Syrop z malin na przeziębienie

🍴 700 ml   🕐 30 minut

SKŁADNIKI

- 1 kg świeżych malin
- 500 g cukru
- 250 ml wody
- Sok z 1 cytryny

PRZYGOTOWANIE

1. Maliny dokładnie opłucz i odsącz na sicie.
2. Przełóż owoce do garnka, dodaj wodę i podgrzewaj na małym ogniu, aż puszczą sok (około 10-15 minut).
3. Przecedź sok przez gazę lub drobne sito, delikatnie dociskając maliny, aby uzyskać jak najwięcej płynu.
4. Do przecedzonego soku dodaj cukier i sok z cytryny.
5. Podgrzewaj, mieszając, aż cukier całkowicie się rozpuści. Nie doprowadzaj do wrzenia.
6. Gorący syrop przelej do wyparzonych butelek lub słoików i natychmiast zakręć.
7. Pasteryzuj przez 10 minut w kąpieli wodnej lub przechowuj w lodówce.

Sok z czarnej porzeczki

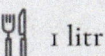 1 litr   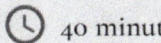 40 minut

SKŁADNIKI

- 1 kg czarnych porzeczek
- 500 g cukru
- 500 ml wody

PRZYGOTOWANIE

1. Czarną porzeczkę dokładnie opłucz i usuń szypułki.
2. Przełóż owoce do dużego garnka, dodaj wodę i zagotuj.
3. Gotuj na małym ogniu przez około 15 minut, aż owoce puszczą sok i zaczną się rozpadać.
4. Przecedź płyn przez gazę lub drobne sito, dobrze odciskając owoce.
5. Do przecedzonego soku dodaj cukier i podgrzewaj na małym ogniu, mieszając, aż cukier całkowicie się rozpuści.
6. Gorący sok przelej do wyparzonych butelek lub słoików i szczelnie zakręć.
7. Pasteryzuj przez 15 minut w kąpieli wodnej lub przechowuj w lodówce.

Suszone pomidory w oliwie

🍴 2 słoiki   🕐 5 godzin

SKŁADNIKI

- 1 kg dojrzałych pomidorów (np. śliwkowych)
- 2 łyżeczki soli
- 1 łyżeczka cukru
- 2 łyżki octu balsamicznego (opcjonalnie)
- 4 ząbki czosnku
- 1 łyżeczka suszonego oregano
- 1 łyżeczka suszonej bazylii
- 1/2 łyżeczki pieprzu
- 300 ml oliwy z oliwek

PRZYGOTOWANIE

1. Pomidory umyj, przekrój na pół i usuń gniazda nasienne.
2. Ułóż je na blasze wyłożonej papierem do pieczenia skórką do dołu.
3. Posyp solą, cukrem i skrop octem balsamicznym (jeśli używasz).
4. Susz w piekarniku nagrzanym do 90°C przez około 4-5 godzin, aż pomidory będą pomarszczone, ale nadal lekko elastyczne.
5. W międzyczasie obierz czosnek i pokrój go w cienkie plasterki.
6. Do wyparzonych słoików wkładaj suszone pomidory, czosnek, oregano, bazylię i pieprz.
7. Zalej wszystko oliwą z oliwek tak, aby całkowicie przykryła składniki.
8. Zamknij słoiki i odstaw na kilka dni, aby smaki się przegryzły.

Mus gruszkowy z imbirem

🍴 2 słoiki   🕐 30 minut

SKŁADNIKI

- 1 kg dojrzałych gruszek
- 100 g cukru (lub miodu)
- 1 łyżeczka świeżo startego imbiru
- 1 łyżeczka soku z cytryny
- 100 ml wody

PRZYGOTOWANIE

1. Gruszki umyj, obierz, usuń gniazda nasienne i pokrój w kostkę.
2. Przełóż gruszki do garnka, dodaj wodę, cukier i starty imbir.
3. Gotuj na małym ogniu przez około 20-25 minut, mieszając co jakiś czas.
4. Gdy gruszki zmiękną, dodaj sok z cytryny i zblenduj całość na gładki mus.
5. Jeśli chcesz uzyskać bardziej jedwabistą konsystencję, przetrzyj mus przez sito.
6. Przelej gorący mus do wyparzonych słoików, szczelnie zamknij i postaw do góry dnem do ostygnięcia.

Smak tradycji, dziedzictwo do delektowania się

Mamy nadzieję, że kiedy przewrócisz ostatnią stronę tej książki kucharskiej, nie tylko odkryjesz bogate, kojące smaki tradycyjnej polskiej kuchni, ale także poczujesz ciepło jej historii i kultury. Każdy przepis, który zgłębiłeś, jest nicią w żywej tkaninie polskiego dziedzictwa, starannie splecionej przez pokolenia kucharzy, gawędziarzy i rodzin, które zebrały się wokół stołu, aby dzielić się posiłkami i wspomnieniami.

W każdym kęsie pierogów, każdej łyżce żuru i każdym kawałku makowca kryje się historia — minionych pór roku, uroczystości, spokojnych wieczorów spędzonych z bliskimi. Jedzenie w polskiej tradycji to coś więcej niż tylko pożywienie. To serce naszych domów, więź, która łączy nas z naszymi korzeniami i radość, która wypełnia nasze kuchnie.

Tak więc, niezależnie od tego, czy przygotowujesz świąteczną ucztę, czy prostą rodzinną kolację, wiedz, że nie tylko przygotowujesz posiłek — kontynuujesz cenioną tradycję. Niech te przepisy zainspirują Cię do zebrania bliskich, stworzenia nowych wspomnień i przekazania tych ponadczasowych dań kolejnym pokoleniom.

Dziękuję i smacznego!

Niech Twoja kuchnia wypełni się smakami Polski, a Twoje serce radością dzielenia się.

Printed in Dunstable, United Kingdom